ARDUINO PARA

PRINCIPIANTES

Guía paso a paso de Arduino

(Software y Hardware Arduino)

Simon Knight

Tabla de Contenidos

Introducción

Felicidades por descargar Arduino y gracias por haberlo hecho.

Arduino es una plataforma de código abierto que ayuda a las personas a desarrollar proyectos electrónicos. Arduino comprende tanto el hardware como el software. Arduino viene con un IDE que puedes instalar en tu computadora o puedes escribir y subir el código a la placa física.

Hoy en día, en nivel de popularidad de Arduino ha aumentado, con muchas personas queriendo crear algo. A diferencia de las placas de circuitos, Arduino no requiere de una pieza de hardware independiente para que pueda instalar un código nuevo en la placa. En cable USB que se incluye es más que suficiente. Además, el IDE de Arduino usa una versión de C++, haciendo que sea sencillo aprender a programarlo.

¿Alguna vez te has preguntado cómo es que la cafetera puede decir la temperatura a la cual se calienta el café? Bueno, el pequeño cerebro tras la cafetera comercial es el microcontrolador.

Recibe una entrada análoga de parte del termistor y muestra la temperatura en una pantalla digital. Lo mismo puede aplicarse a un control remoto o a un coche que acepte comandos de parte de un control remoto.

Esto permite regular motores y rotar las ruedas. La plataforma Arduino consiste de una placa programable que tiene entradas y salidas para hacer que tu proyecto físico funcione.

Este libro contiene varios capítulo que te ayudarán a desarrollar un entendimiento profundo de la placa Arduino. Aprenderás a usar Arduino y a desarrollar proyectos usándolo.

Este libro te preparará para iniciar tu viaje en el desarrollo de proyectos electrónicos impulsados por el microcontrolador. Los distintos capítulos te enseñarán sobre electrónica y programación, de modo que puedas empezar a crear proyectos increíbles rápidamente.

Si quieres aprender a crear componentes electrónicos controlados por un microcontrolador, este libro es para ti.

Capítulo 1

Iniciándose con Arduino

Quizás has escuchado el término "Arduino", pero al igual que muchas personas, no te molestaste en averiguar lo que realmente es. Ahora tienes algunos proyectos que quieres realizar con Arduino, pero primero debes aprender y entender cómo funciona Arduino.

Bueno, en este capítulo te presentaré brevemente algunos de los conceptos de Arduino para que tengas un conocimiento básico. En el resto de los capítulos abordaremos con mayor detalle todo lo que concierne a Arduino.

Empecemos primero por aprender lo que es Arduino.
Arduino es un montaje de computación físico de código abierto que se basa en la placa de entrada/salida junto con una plataforma que ejecuta el lenguaje de procesamiento.
Arduino puede permitirte desarrollar dispositivos independientes o enlazar un software guardado en la computadora. El software puede incluir Flash, MAX, Processing o VVVV. Puedes comprar placas pre-ensambladas o puedes elegir ensamblar las placas a mano. Si quieres descargar el Ambiente de Desarrollo Integrado de código abierto (IDE por sus siglas en inglés) puedes visitar el sitio web de Arduino en www.arduino.cc y descargarlo gratis.
Algunas de las razones que hacen a Arduino distinto del resto de las plataformas existentes en el mercado incluyen:

- El IDE es fácil de usar. El IDE es una plataforma de desarrollo fácil de usar usada mayormente por diseñadores y artistas.

- Brinda un ambiente multiplataforma. Esto quiere decir que sin importar que lo estés corriendo en Linux, Windows o Mac, serás capaz de usar Arduino

- Arduino permite programarlo por medio de un cable USB y no por un puerto serie. Esto es importante debido a que muchas computadoras modernas no tienen puertos serie.

- Arduino existe como software y hardware de código abierto. Por lo tanto, si quieres, puedes descargar el diagrama de circuitos y comprar todos los componentes o desarrollar el tuyo propio sin pagarle a los creadores.

- Arduino tiene una gran comunidad de usuarios activos. Por lo tanto, si tienes un problema, puedes pedir ayuda a la comunidad.

- El hardware de Arduino tiene un precio accesible. Es decir que simplemente puedes empezar de nuevo comprando otro si has cometido errores críticos.

- El proyecto Arduino fue creado con propósitos educativos. Es fantástico para que los principiantes se inicien.

Diseño de Interacción

En el mundo actual, el diseño de interacción es esencial para crear experiencias excelentes entre objetos y humanos. Es una forma genial de profundizar en el desarrollo de la belleza así como también en el desarrollo de experiencias increíbles a partir de la tecnología. El diseño de interacción apoya el proceso de diseño con la ayuda de procesos interactivos que dependen de prototipos. El Diseño de Interacción impulsa el diseño mediante un proceso interactivo que se basa en prototipos para mejorar la confiabilidad.

Este método también pertenece a algunos tipos de diseño convencional que pueden implementarlo para tener un prototipo, especialmente con la electrónica. El área exacta del Diseño de Interacción que está involucrada en Arduino se conoce como Informática Física.

Definición de Informática Física

Cuando se trata de informática física, usamos la electrónica para desarrollar prototipos de nuevos materiales creados por artistas y diseñadores.

En otras palabras, está relacionada con el diseño de objetos interactivos que puedan intercambiar información con seres humanos. El intercambio de comunicación es posible mediante sensores y actuadores. Ambos son ejecutados como un software instalado en el microcontrolador.

Tradicionalmente el uso de los dispositivos electrónicos requería la presencia de ingenieros todo el tiempo. Era difícil crear un circuito sin un ingeniero que lo supervisara. Estos problemas inhibían a las personas creativas e impedían que sacaran lo mejor de su capacidad artística. Muchos de ellos no podían probar diferentes cosas por las que se sentían atraídos.

Esto se debe a que muchas de estas herramientas fueron creadas por ingenieros y se requería de un conocimiento profundo antes de poder usarlas. Afortunadamente, con el auge de los microcontroladores, se encuentran entre los dispositivos más sencillos y baratos hoy en día. El microcontrolador ha permitido el desarrollo de dispositivos mejores.

De hecho, Arduino ha llevado estas herramientas a los novatos. Esto les ayudará a aprender a crear dispositivos en un corto período de tiempo. Con Arduino, un artista o diseñador tiene la oportunidad de aprender y dominar los fundamentos de los sensores y la electrónica rápidamente y desarrollar prototipos con poco capital.

La Filosofía de Arduino

Cuando se trata del concepto detrás de Arduino, involucra el desarrollo de diseños en lugar de simplemente hablar de ellos. Es la búsqueda continua de una manera más rápida y eficiente para crear mejores prototipos.

La ingeniería clásica depende de un procedimiento estricto para pasar de un punto A a un punto B. Sin embargo, cuando se trata del concepto de Arduino, su belleza está en explorar lo desconocido- en este caso, ir hasta el punto C en lugar de B.

Es fascinante cuando eliges ser creativo con Arduino. Exploras áreas desconocidas. Esto a ayuda a descubrir ideas excelentes para crear prototipos geniales.

En las siguientes secciones aprenderemos de los eventos, filosofías y pioneros que han motivado al desarrollo Arduino.

Creación de Prototipo

Este es un concepto significativo en Arduino. Determina el modo en que hacemos las cosas y creamos objetos que interactuarán con los otros objetos, redes y personas. Aspiramos descubrir maneras prácticas de crear prototipos accesibles.

La mayoría de las personas que son nuevas en la electrónica tienen la noción de que deberían conocer los intrincados detalles de crear algo. Bueno, a pesar de que podría ser brillante, también puede ser un desperdicio de energía. ¿Por qué? Tu interés principal es probar que algo puede funcionar bien y luego obtener fondos o al menos motivar a alguien a que busque fondos para apoyarte en la creación del proyecto.

Por esta razón es importante hacer un prototipo. No desperdicies tiempo creando algo de la nada, un proceso que requiera de conocimiento profundo. En lugar de irte por esa opción, podemos tomar los dispositivos ya listos y aplicar el esfuerzo y trabajo duro invertido por los grandes ingenieros.

Nuestro mayor secreto con la tecnología es hacer tantas pruebas como sea posible. Prueba distintas cosas tanto en hardware como en software. Puedes hacer esto con o sin un objetivo en mente.

Reciclar es uno de los enfoques más emocionantes en la tecnología. Recolectar dispositivos y juguetes viejos y luego remodelarlos para crear algo útil ha demostrado ser una manera eficiente de obtener resultados.

Patching

Como ingeniero, te fascinarás por la modularidad y la técnica para crear un sistema complejo al juntar dispositivos sencillos. Robert Moog ilustra este proceso bien en su sintetizador análogo.

Los músicos desarrollaron sonidos de manera exitosa al realizar muchísimas pruebas combinando varios módulos usando cables. Este método resultó en el viejo sintetizador que parecía una central telefónica pero con varias perillas y era la plataforma perfecta para entretenerse con el sonido y crear música innovadora.

De acuerdo a Moog, fue todo un proceso de ver y descubrir. De hecho, muchos creen que los músicos no tienen idea alguna de la función de muchas perillas. Sin embargo, eso no hizo que dejaran de intentarlo. Mejoraron su estilo al quitar interrupciones del flujo. Al remover las interrupciones el proceso empezó a parecer continuo.

Circuit Bending

Uno de los trabajos más fascinantes es hacer cortocircuitos. Lo genial de los que hacen esto es que tienen la capacidad de desarrollar los dispositivos trabajando con la tecnología sin tener idea de la teoría.

Hacks de Teclados

Hasta el día de hoy, los teclados de computadora son la mejor manera de interactuar con una computadora. Los inventores pueden desarrollar nuevas ideas para interactuar con el software para reemplazar las teclas con un dispositivo individual que pueda percibir el ambiente.

Si abres un teclado de computadora, encontrarás una herramienta sencilla en su interior. En el centro hay una pequeña placa. Se ve verde o marrón y tiene dos conjuntos de contactos que unen las dos capas entre las teclas separadas.

Ahora, si remueves el circuito y usas el cable para conectar los dos contactos, verás que una letra se muestra en la pantalla.
Si tienes un dispositivo sensible al movimiento y lo colocas en tu teclado, una tecla se presionará cada vez que una persona se mueva al frente de la pc. Ahora conecta esto a tu software favorito e imagina los resultados.

La basura tiene algo bueno.

A muchas personas les gusta tirar e inclusive abandonar los dispositivos de tecnología antigua tales como computadoras viejas, impresoras, equipo técnico, y máquinas de oficina cada vez que hay tecnología nueva disponible.
Sin embargo, estos productos parecen tener un gran mercado, especialmente para los hackers jóvenes y pobres, y para los que están iniciándose a penas. Este mercado era evidente en Ivrea, el lugar dónde Arduino fue desarrollado. Antes de que puedas crear un objeto genial a partir de estos dispositivos desechados, es preciso que conozcas todo tipo de dispositivo.

Hackeo de Juguetes
Los juguetes son una fuente fantástica de tecnología barata para reusar y hackear, como fue evidente en la práctica de circuit bending que se

mencionó anteriormente. Con la creciente cantidad de juguetes de alta tecnología de China, puedes salir con ideas rápidas.

Colaboración

En el mundo Arduino, la colaboración es un aspecto y un principio importante. Al interactuar con distintos usuarios en el fórum de Arduino, puedes estar seguro de buscar ayuda y aprender más sobre la plataforma. El equipo de Arduino aconseja a las personas que colaboren a nivel local. Además tienen un papel en la colaboración al ayudarles a desarrollar grupos de usuarios en las diferentes ciudades que visitan. Con Arduino, disfrutarás de la cultura de compartir con otros y ayudarles.

Iniciándose en los Microcontroladores

Ya definimos lo que es un microcontrolador. Lo más importante es que el microcontrolador tiene un procesador y una memoria así como también pines de entrada/salida que puedes controlar. La mayoría del tiempo se los conoce como Pines de Entrada/Salida de Propósito General.

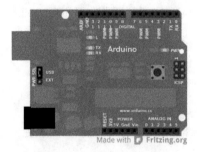

Made with Fritzing.org

Capítulo 2
Hardware y Herramientas

Arduino es útil para cualquiera que quiera programar computadoras pequeñas. Las máquinas pequeñas son llamadas microcontroladores y mejoran el nivel de interactividad.

Encuentras muchos de ellos en tu vida diaria. Puedes encontrarlos en diferentes dispositivos tales como controles remotos, cepillos dentales y juguetes. Realizan una función primaria que raramente ves porque la cumplen muy bien.

El papel de los sensores es escuchar el mundo físico. Convierten la energía que liberas cuando presionas los botones, gritas o mueves tus brazos. Esta energía se convierte en señales eléctricas. Algunos ejemplos de sensores que puedes tocar con tus manos son las perillas y los botones, pero hay muchos tipos diferentes de sensores. Los dispositivos que pueden transformar la energía eléctrica en energía física son llamados actuadores.

Los microcontroladores le hablan a los actuadores y escuchan a los sensores. Deciden que hacer de acuerdo al programa escrito. Los dispositivos electrónicos y los microcontroladores que les conectas simplemente son un prototipo de tus proyectos.

Tendrás que mejorar tus habilidades para aumentar el estatus de tu proyecto. Por ejemplo, en un proyecto te sugerimos que crees una flecha y que conectes un motor y lo encierres en una caja de perillas. En otras palabras, puedes crear un indicador para ayudarle a la personas a saber en qué momento estás disponible y en qué momento andas ocupado. En otro ejemplo, serás capaz de crear un reloj de arena. Arduino es un componente dinámico que mejora la utilidad.

La función de Arduino es ayudarte a crear distintos dispositivos. Por ello, no abordamos mucho acerca de la programación y la electrónica. Sin embargo, si estás interesado en aprender acerca de estos campos, puedes buscar guías en la red. Aquí te damos algunos sitios de referencia que puedes visitar para aprender más. Uno de ellos es www.arduino.cc/starterkit

Los componentes del Kit Arduino

Placa de pruebas

Puedes usar este tipo de placa para diseñar circuitos electrónicos. Contiene filas y hoyos que te permiten conectar componentes y cables. Sin embargo, hay modelos específicos que requieren de soldadura.

Arduino Uno

Esta es la placa microcontroladora que conforma el componente central de tus proyectos. Es un tipo de computadora pequeña sin medios para interactuar contigo. Crearás interfaces y circuitos y medios por los cuales el microcontrolador pueda comunicarse con otros dispositivos.

Conector de Batería

Conecta una batería de 9V en los cables de alimentación que puedes conectar rápidamente a la placa de pruebas.

Capacitores

Ya debes de saber qué son los capacitores si hiciste un curso de electrónica. La función de un capacitor es almacenar y liberar carga eléctrica en un circuito. Cuando el voltaje de un circuito es mayor que el voltaje del capacitor, la corriente fluye hacia el capacitor. Sin embargo, si el voltaje del circuito es menor que el voltaje del capacitor, la carga almacenada en el capacitor fluye al circuito. El capacitor siempre está conectado entre la fuente de poder y tierra cerca del motor para ayudar a regular las fluctuaciones del voltaje.

Motor DC

La función del motor DC es convertir la energía eléctrica en energía mecánica. El motor tiene bobinas de alambre que son magnetizadas cuando la corriente fluye por ellas. El flujo de corriente crea un campo magnético que atrae y repele a los imanes. Esto hace que el eje rote. Si cambias la dirección de la electricidad, el motor empezará a girar en la dirección opuesta.

Diodo

La función de un diodo es permitir que la electricidad fluya en una dirección particular. Es bastante importante si tienes un motor en un circuito. Los diodos están polarizados, esto significa que la dirección en que los coloques dentro de un circuito es importante.

Si colocas los diodos en una dirección, permitirán que la corriente fluya. Si cambias la dirección, bloquearán la corriente. Un diodo tiene tanto un ánodo como un cátodo. El ánodo está conectado al lado de mayor potencial en el circuito. El cátodo, por su parte, está conectado del lado de menor potencial. Es fácil identificar el cátodo debido a que tiene una banda a un lado del dispositivo.

Geles

Los geles reducen distintas longitudes de onda. Al combinar geles y fotorresitores harás que el sensor reaccione al color filtrado.

Puente H

Este circuito ayuda a regular la polaridad del voltaje usado. El puente H viene como un circuito integrado, pero puedes crear uno usando algunos dispositivos discretos.

Cables de Puente

Los cables de puente son útiles cuando quieres conectar dispositivos entre sí en la Placa de Pruebas o en el Arduino.

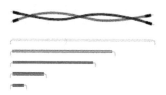

Diodos Emisores de Luz (LED)

Un LED es un tipo de diodo que se enciende cuando pasa corriente eléctrica por él. Al igual que otro tipo de diodos, la corriente eléctrica sólo fluye en una dirección particular a través de estos dispositivos. Puede que estés familiarizado con estos dispositivos electrónicos. El ánodo está conectado a la fuente de poder y tiene una pata larga, mientras que el cátodo tiene una pata corta.

Pantalla de Cristal Líquido (LCD)

Un LCD es un tipo de pantalla que depende de cristales líquidos. Las LCD vienen en distintas formas, tamaños y estilos. La pantalla LCD que encontrarás en el el kit Arduino tiene 2 filas y 16 caracteres en cada una.

Pin Macho

Estos pines encajarán en los enchufes hembra. Su propósito es ayudarte a conectar las cosas más fácilmente.

Optocoupler

Ayuda a conectar dos circuitos que no tienen una fuente de poder central. En su interior contiene un pequeño LED que cuando se enciende hace que el foto-receptor cierre el interruptor interno. Cuando el voltaje fluye por el conector +, se enciende mientras que el interruptor se cierra.

Piezo

Puedes usar este dispositivo particular para producir sonido y detectar vibraciones.

Fotorresitor

Conocido también como resistor dependiente de luz o fotocelda, cambia el valor de la resistencia dependiendo de la intensidad de luz que incida sobre su superficie.

Potenciómetro

Tiene tres conectores. Dos de los conectores están conectados al extremo de un resistor mientras que el conector del medio se mueve a lo largo del resistor para dividirlo en dos partes. En el potenciómetro, cuando los lados externos están conectados a tierra, la pata del medio creará una diferencia de potencial cuando gires la perilla.

Botones

Este tipo de interruptores cierra un circuito. Pueden colocarse en la placa de pruebas rápidamente. Son útiles para determinar si una señal está encendida o apagada.

Resistores

Los resistores reducen la energía eléctrica en un circuito al cambiar el voltaje y la corriente. La unidad SI para la resistencia es el ohm. Un resistor tiene bandas de color para indicar el valor de la resistencia.

Servomotor

Este motor puede rotar 180 grados. Usualmente, si quieres controlarlo tienes que enviar un pulso eléctrico originado desde el Arduino. Este tipo de pulsos le indican al motor la dirección en que debe moverse.

Sensor de Temperatura

Este dispositivo controla la entrada de voltaje dependiendo de la temperatura del componente. Las patas externas lo conectan con la fuente de poder y con tierra. El voltaje que pasa a través del conector cambia cuando se calienta o se enfría.

Sensor de Inclinación

Este interruptor se abrirá o se cerrará de acuerdo a la orientación. Tiene un cilindro hueco con una bola de metal dentro para completar el circuito cuando está orientado correctamente.

Transistor

Este componente con tres patas funciona como un interruptor eléctrico. Es un dispositivo práctico, especialmente si quieres controlar componentes que tengan un voltaje alto. Uno de los conectores va a tierra mientras que el otro conecta al dispositivo mismo. El último conector va conectado al Arduino. Uno de los conectores va a tierra, el otro al dispositivo y el último a Arduino.

Cable USB

El cable USB facilita la conexión entre el Arduino Uno y tu PC para realizar la programación. Además, suministra energía al Arduino para realizar la mayoría de los proyectos del kit.

Tabla de Símbolos

Estos son algunos de los símbolos que verás a lo largo de este libro.

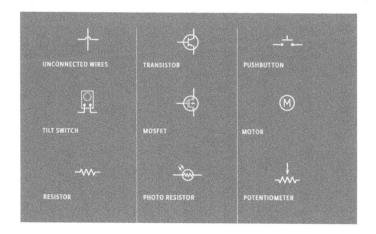

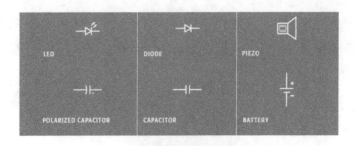

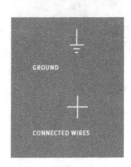

La Placa

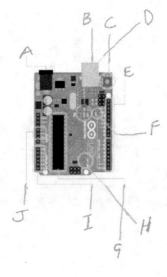

A-Conector de Corriente

Este se usa para conectar el Arduino cuando no está conectado al puerto USB. Puede recibir voltajes de entre 7 y 12 V.

B – Puerto USB

Usa este para conectar el Arduino Uno, enviarle sketchs y comunicarte con él.

C – Botón de Reseteo

Restea el microcontrolador ATmega.

D – LEDs TX y RX

Estos LEDs muestran la comunicación entre el Arduino y la computadora. Deberías estar listo para verlo parpadear rápidamente mientras subes el sketch. Es esencial cuando quieres eliminar bugs.

E - Digital Pins

Estos pines se aplican en la función digitalWrite(), digitalRead(), y analogWrite().La función analogWrite() funciona en los pines que tienen el símbolo PWM.

F - Pin 13 LED

Este es el único actuador integrado en el Arduino Uno. Es genial cuando se trata de hacer el primer sketch y también es bueno para eliminar los bugs.

G – Microcontrolador ATmega

Este es el corazón del Arduino Uno.

H – LED de Poder

Este indica que Arduino está recibiendo energía. Es esencial para eliminar bugs.

I – Entrada Analógica

Usa los siguientes pines con analogRead().

J – Pines GND y 5V

Usa estos pines para producir un voltaje de 5V en tus circuitos.

El Arduino starter kit consiste de una base de madera fácil de ensamblar que hace que trabajar en tus proyectos sea más fácil, sin importar si los proyectos son de este libro o no.

Para crearlo, removemos la tapa de Madera de la caja y seguimos las instrucciones debajo. Asegúrate de usar solamente las partes indicadas y de no perder ninguna pieza. Estas son específicas para los proyectos así que las necesitarás.

Bueno, ya es tiempo de empezar:

1. Agarra la lámina de madera y separa las piezas.

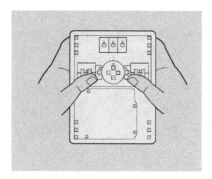

2. Sigue hasta que las partes estén separadas.

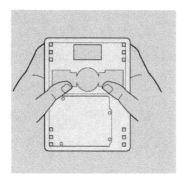

3. Coloca las piezas marcadas con A en los hoyos de las esquinas para hacer los soportes de la base.

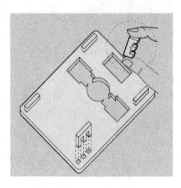

4. Fija el Arduino Uno a la base con la ayuda de tres tornillos. Asegúrate de no apretarlos mucho.

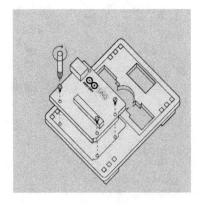

5. Retira la cobertura de la placa de prueba con cuidado.

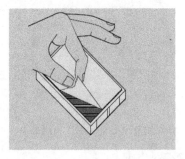

6. Coloca la placa de pruebas en la lámina de madera cerca del Arduino UNO

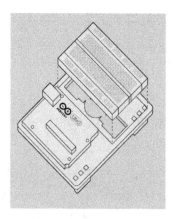

Algunas de las cosas que deberías tener:

- Una batería de 9V

- Tijeras

- Cinta adhesiva y pegamento

- Una pequeña fuente de luz

- Una caja para agujerear

- CD o DVD viejo

- Papel de color

- Un material conductor tal como una rejilla de cobre o papel aluminio

- Soldador

- Cualquier componente que use una batería y tenga al menos un botón y un interruptor

- Herramientas básicas tales como un destornillador

Configura tu Arduino

No puedes empezar sin orden. Primero, tienes que establecer tu Arduino para que pueda comunicarse o enviar señales a la computadora. Esto ayudará a correr el código Arduino.

Instalación del Paquete de Arduino en Windows

Para asegurarte de que vas a instalar el software Arduino, deberías descargar la última versión que sea compatible con tu sistema Windows. Para descargar la última versión ve a la página de descargas. Una vez allí, puedes elegir el instalador (.exe) o los paquetes Zip. Te recomendamos que uses el primero puesto que instalará todo lo que debes tener del Software Arduino.

Sin embargo, con el paquete zip tendrás que hacer una instalación manual de los drivers. El archivo Zip también es necesario cuando quieres tener un setup portable. Una vez que la descarga termine, puedes iniciar la instalación. Permite el proceso de instalación de drivers cada vez que recibas una advertencia del sistema operativo.

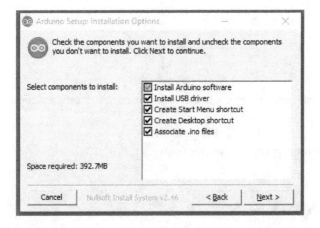

Selecciona los componentes que deseas instalar.

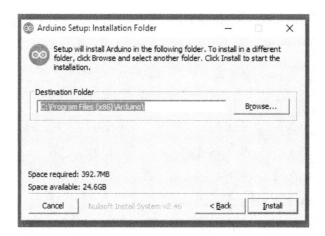

Selecciona el directorio de instalación. Se recomienda usar el que viene por defecto.

El proceso anterior extraerá e instalará los archivos para ayudar a ejecutar correctamente el software Arduino.

Una vez que instales el IDE correctamente, puedes navegar al Menú de Inicio y puedes elegir tu placa en la lista del lado derecho de la página.

Instalación del Software Arduino en Mac OS

1. Descarga el IDE y haz doble clic en el archivo zip para abrir la aplicación Arduino

2. Transfiere la aplicación Arduino a la carpeta de aplicaciones o a cualquier otra ubicación donde quieras instalar el software

3. Luego usa un cable USB para conectar la placa a la PC. La luz verde de PWR debería encenderse.

4. No hay necesidad de descargar los drivers para la placa. Una ventana emergente podría mostrarse para preguntar si quieres abrir la ventana de Preferencias de Red

5. El Uno mostrará el mensaje de "no configurado", pero funcionará correctamente. Luego puedes cerrar y salir de Preferencias del Sistema.

Instalación en Ubuntu o Linux.

Si quieres instalar el paquete de software Arduino en Ubuntu, primero debes instalar gcc-avr y avr-libc usando unos comandos.

Escoge el JRE correcto si tienes más de un JRE instalado. Navega en el sitio web de Arduino y busca el software Arduino para Ubuntu. Puedes proceder a extraer y ejecutar el software usando varios comandos tales como:

"tar xzvf Arduino-x.x.x-linux64.tgz cd Arduino-1.0.1. /Arduino"

Sin importar qué tipo de Sistema Operativo estés usando, las instrucciones anteriores suponen que tienes una placa Arduino Uno. Si decides comprar una copia, tendrás drivers de terceros.

Comunicación con el Arduino

Una vez que hayas instalado el IDE y que hayas confirmado que puedes comunicarte con la placa, el siguiente paso es verificar que puedes subir el programa.

1. Haz doble clic en el Arduino para expandirla. En caso de que el IDE se abra en un lenguaje que no entiendas, puedes hacer cambios en la configuración de la aplicación. Simplemente ve a Language Support y allí encontrarás los detalles.
2. Ve al ejemplo del sketch del LED parpadeante. Sketch es el término para los programas de Arduino. Puedes verlo en File>Examples>01.Basics>Blink

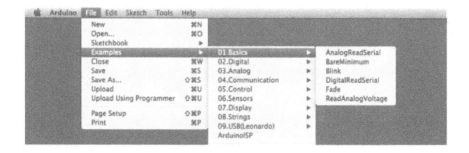

3. Deberías ver una ventana con algunos textos emergentes. Ve a la ventana y selecciona la placa a continuación:

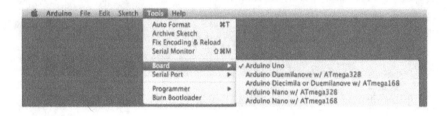

4. Selecciona el puerto al cual está conectado tu Arduino haciendo clic en:

TOOLS > SERIAL PORT

Si estás usando Windows, busca el COM con el número más grande. No tengas miedo de escoger el COM equivocado. Si el primero no funciona, debería probar el siguiente. Por propósitos de verificación, desconecta la placa Arduino y vuelve a abrir el menú. Reconecta la placa y selecciona el puerto.

Para aquellos que usan Mac, deberían ir a . Generalmente, verás dos de estas, selecciona cualquiera de ellas.

1. Si quieres subir el Blink sketch a Arduino, ve a la esquina superior izquierda y haz clic en SUBIR (UPLOAD).

2. Deberías ver una barra de carga que muestre el progreso de la subida en la parte baja del IDE. Las luces deberían estar etiquetadas como RX y TX en la placa Arduino. Una vez que el proceso de subida termine, un mensaje aparecerá para recordarte el final del proceso de subida.
3. Luego de unos pocos segundos de que termine la subida, verás que un LED amarillo con la letra L empieza a parpadear. ¡Felicidades! Has programado a Arduino para que encienda su LED.

Tenemos casos particulares en los que se compra Arduino configurado con el sketch para hacer parpadear el Led. En este caso no sabrás si tienes control de ello. Cambia el tiempo de retardo a 100 y sube el sketch de nuevo. De este modo el LED debería parpadear más rápido.

Entiende tus herramientas

Crearás un circuito sencillo que consiste de interruptores, un LED y un Resistor. Al final deberías entender un poco mejor la teoría eléctrica básica y el modo en que la placa de pruebas opera así como también de los dispositivos en paralelo y en serie.

La electricidad es similar a otros tipos de energía tales como la gravedad, el calor y la luz. La energía eléctrica fluye a través de los conductores tales como un cable. Es posible transformar la energía eléctrica en otros tipos para realizar tareas específicas tales como encender una luz o producir ruido en un altavoz.

Los dispositivos que hacen estas cosas tales como los bombillos o los altavoces son conocidos como transductores eléctricos. Un transductor convierte otras formas de energía en energía eléctrica. Los dispositivos que convierten otras formas de energía en energía eléctrica son llamados sensores, y los dispositivos que convierten la energía eléctrica en otras formas de energía se denominan actuadores. Aprenderás a crear un circuito para transferir la electricidad a través de los componentes de distintos tipos. Los circuitos con espiras de cables cerradas que tienen una fuente de poder y algo que usa la energía o carga.

La electricidad fluye en un circuito de un punto de mayor energía potencial hasta el extremo de menor energía potencial. La tierra es el punto con mejor energía potencial en el circuito. En el circuito que crees la electricidad fluirá en una dirección particular.

Este tipo de circuito se conoce como circuito de corriente continua o CC. En el caso de la Corriente Alterna los voltajes cambian de dirección en un intervalo de entre 50 y 60 segundos.

Tienes que conocer varios términos en relación a los circuitos eléctricos. La corriente es la cantidad de carga eléctrica que fluye en un punto dado del circuito. La unidad de corriente es el Amperio y se representa con el símbolo A. El voltaje es la diferencia de potencial entre un punto y otro. Luego tenemos la resistencia que se mide en ohmios. La resistencia se refiere a la oposición al movimiento de la carga eléctrica.

Una forma genial de entender esto es pensar en una roca moviéndose cuesta abajo en un acantilado. Si el acantilado es alto, las rocas tendrán mucha energía cuando caigan en el fondo.

En este caso, el voltaje del circuito es igual a la altura del acantilado. Cuanto más grande es el voltaje, más energía usarás. Cuanto mayor sea el voltaje, más energía tendrás que usar. A mayor cantidad de rocas, mayor será la energía transferida al final del precipicio.

La cantidad de piedras es igual a la corriente del circuito. Las rocas ruedan pasan por los arbustos de una de las laderas del acantilado y pierden algo de energía en este proceso.

La energía perdida es usada para quitar árboles. Los árboles equivalen a los resistores; producen una oposición dada a la corriente eléctrica y la transforman en otra forma de energía. A continuación se muestra un diagrama para ilustrar el ejemplo:

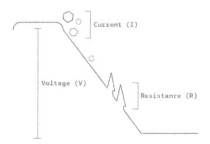

Tiene que haber un camino completo que empiece desde la fuente de energía y llegue a tierra para completar un circuito. Si no hay un camino para que la energía fluya, el circuito no funcionará.

Los componentes de un circuito eléctrico consumen toda la energía eléctrica. Cada elemento convertirá parte de la energía en otro tipo de energía. En cada circuito, todo el voltaje se transforma en otro tipo de energía.

El camino de la corriente en cualquier punto de un circuito es similar tanto de entrada como de salida. La corriente eléctrica buscará el camino de menor resistencia hasta tierra. Con la existencia de dos rutas posibles, la mayoría de la corriente eléctrica fluirá por el camino de menor resistencia. Ahora, si la fuente de poder se conecta a tierra sin resistencia alguna, hay alta probabilidad de que ocurra un corto circuito. Si un corto circuito tiene lugar, la fuente de poder y los cables convertirán la energía eléctrica en calor y luz.

Típicamente aparece como una explosión. Si alguna vez has visto una batería que hace cortocircuito, entonces sabes lo peligroso que puede ser un cortocircuito.

El lugar clave para crear circuitos es la placa de pruebas. La del kit es "solderless". Es "solderless" porque no hay necesidad de soldar nada. Puedes ver las filas horizontales y verticales de la placa de pruebas a continuación:

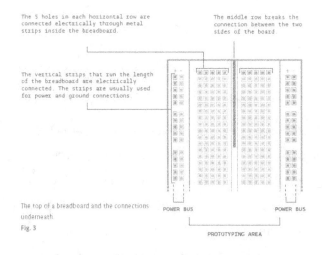

The 5 holes in each horizontal row are connected electrically through metal strips inside the breadboard.

The middle row breaks the connection between the two sides of the board.

The vertical strips that run the length of the breadboard are electrically connected. The strips are usually used for power and ground connections.

The top of a breadboard and the connections underneath

Fig. 3

POWER BUS

POWER BUS

PROTOTYPING AREA

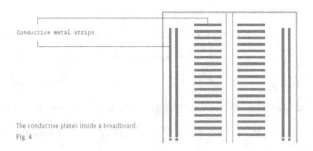

Conductive metal strips.

The conductive plates inside a breadboard.

Fig. 4

Dibujo de Circuitos

En este proyecto verás dos tipos de circuitos: la vista de la placa de pruebas que se asemeja al dispositivo dentro de tu kit. Y el otro es una vista esquemática que muestra la relación entre los componentes de un circuito. Los esquemas nunca mostrarán la ubicación de los elementos respecto al resto, sino que revelan cómo están conectados.

Vista de la placa de pruebas

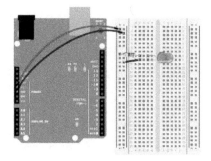

Vista esquemática

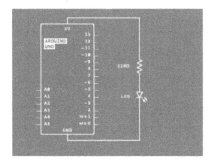

1. Conecta la placa de pruebas al 5V de Arduino y a las conexiones a tierra. Instala dos LEDs y un LED verde en la placa de pruebas. Conecta el cátodo de cada LED a tierra.

2. Coloca el interruptor en la placa de pruebas. Conecta uno a la fuente de poder y el otro al pin digital del Arduino. Agarra también un resistor de 10k-ohm y conéctalo al pin de interruptor del Arduino. EL resistor pull-down conecta el pin a tierra cuando el interruptor se abre, y este indica LOW cuando el voltaje pasa por el interruptor.

Puedes decidir cubrir la placa de pruebas usando una plantilla del kit Arduino. También puedes añadir algunos diseños creativos para tu sistema. Cada programa Arduino contiene dos funciones significativas. Las funciones pertenecen al programa de computadora que ejecuta los comandos individuales. Las funciones tienen nombres especiales y son usadas cuando se requiere realizar una tarea específica. Las funciones más críticas en el programa Arduino son setup() y loop(). Debes declarar primero estas funciones para usarlas. Esto significa que tienes que explicarle al Arduino su función.

En este programa vas a definir una variable antes de pasar a otras partes del programa. Las variables hacen referencia a los nombres que le asignas a lugares de la memoria del Arduino para ayudarte a monitorear lo que sucede. Estos valores están sujetos a cambios en cualquier momento dependiendo de las instrucciones del programa.

Es esencial que los nombres de las variables describan bastante el valor que contienen. Por ejemplo, una variable switchState describe el tipo de valor que almacena. Este podría ser el estado del interruptor, mientras que una variable tal como "y" no dice mucho de su valor.

Para crear una variable debes declarar primero su tipo. Las variables pueden ser de tipo int, que contienen un número entero. Cuando se declara una variable, debes asignarle un valor inicial. Luego de cada declaración, tienes que colocar un punto y coma al final.

La función setup() sólo corre una vez que has encendido el Arduino. Este es el momento correcto para configurar los pines usando la función pinMode(). Los pines que se conectan a los LEDs contienen las SALIDAS, mientras que el pin del interruptor es la ENTRADA.

El programa contiene la función loop() que frecuentemente corre cuando setup() se completa. Loop() te ayuda a verificar el voltaje en las entradas y las salidas. Para validar la cantidad de voltaje en una entrada digital, usa la función digitalRead().

Si quieres conocer el tipo de pin a buscar, debes suministrar un argumento a la función digitalRead(). Los argumentos son la información que le suministras a las funciones. La información debería ayudarle a la función a realizar bien su trabajo. Por ejemplo, la función digitalRead() requiere un argumento. El tipo de pin que deberías revisar es operado por digitalRead(). En el código, usamos la palabra if para conocer el estado de algo. En programación, una sentencia if te ayuadará a comparar dos cosas y a determinar la precisión de dicha comparación. Luego completará las acciones que se le dieron. Cuando quieres comparar dos elementos en programación, se aplican los signos ==. Si usas uno le asignarás un valor en lugar de hacer una comparación.

La función digitalWrite() te permite enviar 0V o 5V a un pin de salida específica. digitalWrite() acepta dos parámetros: el tipo de pin a controlar, y el valor configurado en el pin. El valor puede ser HIGH o LOW.

Le has comunicado al Arduino lo que debe hacer cada vez que el interruptor sea abierto. Por lo tanto, es momento de definir qué pasará cando cierres el interruptor. La sentencia if() contiene una parte opcional else que permitirá que algo tenga lugar cuando el estado inicial falle.

Para averiguar si los LEDs rojos parpadean cuando presionas el botón, debes apagar y encender las luces en la sección else. Una vez que cambies los LEDs a un estado específico, espera algunos segundos antes de cambiar el Arduino.

Sin embargo, si no esperas algunos segundos, las luces rápidamente se encenderán y apagarán y parecerá que está opaco. Una razón de esto es que el Arduino pasará por loop() más de mil veces por segundo y el LED se encenderá y apagará más rápido de lo que pensábamos. La función delay() evita que el Arduino ejecute cualquier operación durante un intervalo corto.

```
void setup(){
}

void loop(){
}
```

{ Curly brackets }
Any code you write inside the curly brackets will be executed when the function is called.

```
1  int switchState = 0;
```

```
2  void setup(){
3     pinMode(3,OUTPUT);
4     pinMode(4,OUTPUT);
5     pinMode(5,OUTPUT);
6     pinMode(2,INPUT);
7  }
```

Case sensitivity
Pay attention to the case sensitivity in your code. For example, pinMode is the name of a command, but pinmode will produce an error.

```
8   void loop(){
9      switchState = digitalRead(2);
10     // this is a comment
```

Comments
If you ever want to include natural language in your program, you can leave a comment.
Comments are notes you leave for yourself that the computer ignores. To write a comment, add two slashes //
The computer will ignore anything on the line after those slashes.

Luego de que termines de programar tu Arduino, deberías ver una luz verde. Si tocas un botón del interruptor, la luz roja empezará destellar mientras que la luz verde se apagará.

Intenta cambiar el tiempo de la función delay(); presta atención a cómo se comportan las luces y el modo en que la respuesta del sistema variará en base a la velocidad de destello. Si la función delay() se usa en el programa, detendrá el resto de la funcionalidad.

No habrá ninguna lectura del sensor hasta que el tiempo termine. A pesar de a veces son útiles, cuando creas tus proyectos es necesario asegurarse de que no interfieran con tu interfaz.

En este capítulo has aprendido a configurar tu primer programa de Arduino que cambia el comportamiento de algunos LEDs en base a tu interruptor. Has aprendido a usar una sentencia if…else, las variables y algunas funciones.

Capítulo 3
Transforma tu Arduino en una Máquina

Aunque los interruptores y botones son algo excelente, hay muchas otras cosas que se pueden hacer con ellos a parte de encender y apagar. A pesar de que Arduino es un dispositivo digital, es capaz de recibir información de un sensor analógico para medir la luz, temperatura u otras variables. Para lograr esto, es necesario usar el Conversor Analógico/Digital del Arduino.

Usarás un sensor de temperatura para determinar la temperatura de tu piel. Este dispositivo envía un voltaje variable de acuerdo a la temperatura que detecte. Viene con tres pins: el primer pin conecta a tierra y el otro conecta a la fuente de poder. El tercero transfiere el voltaje de la variable al Arduino.

Este proyecto tiene un sketch que ayuda a interpretar el sensor y enciende o apaga los LEDs para mostrar el nivel de temperatura. Existen distintos tipos de sensores de temperatura. El TMP36 es un modelo apropiado ya que muestra un voltaje que es diferente de la temperatura en grados Celsius.

El IDE de Arduino tiene un dispositivo de monitoreo secuencial que te permite grabar los resultados desde el microcontrolador. Usar el monitor secuencial te permite descubrir información que se relaciona con el estado de los sensores así como también te permite tener algo de conocimiento acerca del circuito y el código que ejecuta.

Crea el Circuito

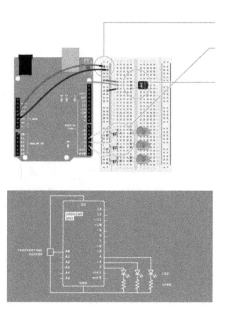

En este proyecto vas a aprender a medir la temperatura ambiente de una habitación. En este momento lo haces manualmente, pero puedes lograrlo mediante calibración. Puedes usar el botón para definir la temperatura de referencia o dejar que el Arduino escoja una muestra antes de que un loop() inicie y lo tenga como un punto de referencia.

1. Primero, conecta tu placa de pruebas a tierra.
2. Conecta el cátodo de cada LED que tengas a tierra usando una resistencia. Conecta los ánodos de los LEDs a los pines 2 usando 4. Estos son los indicadores del proyecto.
3. Coloca el TMP36 en la placa de pruebas con la parte redondeada viendo hacia afuera del Arduino. Después, conecta el lado plano del pin izquierdo a la fuente de poder y el pin derecho a tierra. Conecta el pin del centro al AO en el Arduino.

51

Crea una interfaz para ayudar a las personas a usar el sensor. Puedes usar un recorte de papel que se asemeje a un buen indicador. También puedes hacer un par de labios para que una persona bese y vea cómo se ve. También puedes marcar los LEDs para darles decoración.

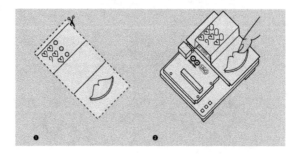

1. En la primera figura, agarra un pedazo de papel y córtalo para que encaje en la parte superior de la placa de pruebas. Crea un par de labios dónde el sensor pueda colocarse, y haz unos hoyos para los LEDs.

2. Coloca el recorte de papel sobre la placa para que los labios rodeen el sensor y los LEDs pasen por los hoyos. Presiona los labios para ver cómo se siente.

Vamos a darle un vistazo al código.

Constantes útiles

Las constantes te permiten dar nombres únicos a cosas del programa. Se asemejan a las variables excepto porque no pueden cambiar. Asigna el nombre para la entrada análoga y crea una constante única para guardar la temperatura de referencia. Una vez que la temperatura aumente 2 grados por encima del valor de referencia, el LED se encenderá. La temperatura se escribe y se guarda en un número de coma flotante. Un número de coma flotante es aquel que tiene un punto decimal.

Inicialización del puerto serie

En la configuración interactuarás con un nuevo comando llamado Serialbegin(). Este comando hará una conexión entre el Arduino y la computadora. El enlace te ayudará a leer los valores de la entrada análoga en la pantalla de la computadora. El argumento 9600 representa la velocidad de comunicación del Arduino. Usarás el monitor serial del IDE de Arduino para observar la información que quieras enviar desde el microcontrolador.

Inicializa el pin digital y apágalo

El bucle for() fija algunos pines como salida. Estos pines previamente fueron conectados a los LEDs. En lugar de asignarles un nombre único y usar la función pinMode(), puedes elegir usar el bucle for() que es mucho más eficiente. Este es un truco genial en caso de que tengas muchas cosas que quieras repetir en el programa.

Lectura del sensor de temperatura

Mientras estés en el loop(), usa la variable llamada sensorVal para guardar la lectura del sensor. Si quieres leer el sensor, usa analogRead() que acepta un solo argumento.

Transfiere los valores del sensor a la PC

La función Serial.print() transfiere los datos del Arduino a la PC. Puedes revisar esta información en el monitor serial. Si asignas un parámetro a Serial.print() entre las comillas, mostrará el texto escrito. Además, si usas una variable como un parámetro, mostrará el valor de esa variable particular. A continuación se presenta el código del programa:

```
1 const int sensorPin = A0;
2 const float baselineTemp = 20.0;
```

```
3 void setup(){
4   Serial.begin(9600); // open a serial port
```

```
5   for(int pinNumber = 2; pinNumber<5; pinNumber++){
6     pinMode(pinNumber,OUTPUT);
7     digitalWrite(pinNumber, LOW);
8   }
9 }
```

for() loop tutorial
arduino.cc/for

```
10 void loop(){
11   int sensorVal = analogRead(sensorPin);
```

```
12   Serial.print("Sensor Value: ");
13   Serial.print(sensorVal);
```

Convierte la lectura del sensor en voltaje

Con un poco de conocimiento en matemáticas serás capaz de determinar el voltaje de pin correcto. El voltaje puede ir de 0 a 5 voltios y algunas fracciones. Tendrás que declarar una variable flotante para guardarlo allí.

Transformación del voltaje en temperatura

La ficha técnica del sensor tiene información similar al voltaje de salida. Las fichas técnicas son como manuales electrónicos. Son creadas por ingenieros para ser usadas por otros ingenieros. De acuerdo a la ficha técnica del sensor, cada diez milivoltios equivalen a un cambio de temperatura de 1 grado Celsius. Además, el sensor puede leer una temperatura menor a 0 grados. Por lo tanto, debes definir un offset para valores por debajo del punto de congelación. Si estás a menos 0,5 del voltaje y lo multiplicas por 100, tendrás la temperatura real en grados Celsius. Crea una variable de punto flotante y guarda el número nuevo.

Ahora tienes la temperatura inicial contigo y puedes imprimirla en el monitor serial. Dado que la variable que guarda la temperatura es la última en ser impresa en el bucle, tienes que usar una función distinta tal como la Serial.println(). Este comando te ayudará a crear una nueva línea una vez que envíe un valor. Esto hará todo más sencillo una vez que se imprima.

Apaga los LEDs para bajar la temperatura

Cuando estás trabajando con la temperatura original, es posible definir una frase if…else para encender el LED. Al usar la temperatura de referencia como el punto, el LED se encenderá a dos grados de temperatura de la misma. Tienes que buscar un rango de valores mientras ves la escala de temperatura. A continuación está la siguiente parte del programa.

```
14    // convert the ADC reading to voltage
15    float voltage = (sensorVal/1024.0) * 5.0;
```

```
16    Serial.print(", Volts: ");
17    Serial.print(voltage);
```

```
18    Serial.print(", degrees C: ");
19    // convert the voltage to temperature in degrees
20    float temperature = (voltage - .5) * 100;
21    Serial.println(temperature);
```

Starter Kit datasheets
arduino.cc/kitdatasheets

```
22    if(temperature < baselineTemp){
23       digitalWrite(2, LOW);
24       digitalWrite(3, LOW);
25       digitalWrite(4, LOW);
```

Enciende el LED para bajar la temperatura

El operador && significa "y" en sentido lógico. Te permite chequear múltiples condiciones.

Enciende los dos LEDs para generar una temperatura media

Cuando la temperatura está entre dos y cuatro grados por encima del valor de referencia, el código encenderá el LED del pin 3.

Enciende los LEDs para una mayor temperatura

El Convertidor Analógico/Digital te permite leer rápidamente. Por lo tanto, debes crear algunos retrasos al final del loop(). Si constantemente lees los valores, parecerá errático.

Una vez que transfieras el código al Arduino, puedes seleccionar el icono del monitor que se muestra en la figura anterior. Una serie de valores de este estilo se mostrará:

Sensor: 200, Volts: 70, degrees C: 17

Coloca tus dedos cerca del sensor y observa cuidadosamente lo que sucede con el monitor serial. Anota la temperatura cuando el sensor esté al aire libre.

Cierra el monitor serial y modifica la constante baseline temp con el valor que anotaste. Vuelve a subir el código e intenta tocar los sensores con tus dedos. Cuando la temperatura suba, los LEDs empezarán a encenderse uno por uno.

Capítulo 4

Funciones y fundamentos del Lenguaje C

Cuando creas un programa Arduino, es esencial tener algo de conocimiento del funcionamiento de los sistemas informáticos. A pesar de que la programación C es un lenguaje cercano a las máquinas, se va a aclarar el modo en que se hacen ciertas cosas cuando el programa corre.

Un sistema primario consiste del dispositivo de control conocido como CPU o microcontrolador. Hay algunas diferencias cuando se trata de estos, pero ahondaremos en este tema más adelante. Cabe destacar que los microcontroladores no son tan potentes cuando se los compara con el microprocesador estándar. Sin embargo, tiene puertos de entrada y salida así como también funciones de hardware.

Los microprocesadores están conectados a la Memoria Externa. Generalmente, los microcontroladores contienen una cantidad suficiente de memoria integrada. Sin embargo, cabe mencionar que no nos referimos a los de gran tamaño; es posible que un microcontrolador tenga cientos de bytes o más de memoria para aplicaciones simples. No olvides que un byte de memoria tiene 8 bits, y cada bit puede se verdadero o falso, high o low e I/O.

Cuando se trata de la relación entre el procesador los datos funcionales guardados en la memoria, los datos deben guardarse en el registro del procesador. El registro es el único lugar en que las operaciones matemáticas pueden realizarse. Por ejemplo, si quieres realizar la adición de dos variables, el valor de las variables tiene que pasarse al registro.

Mapas de Memoria

Cada byte de memoria en el sistema informático tiene una dirección conectada. Ahora, si no tenemos la dirección, el procesador no encontrará la manera de identificar una memoria particular. En general, la dirección de memoria empieza desde 0. A pesar de que tenemos una dirección específica con un sistema privado o único, una dirección particular no puede apuntar al puerto de entrada y salida de la comunicación externa.

La mayoría del tiempo encontrarás innecesario mapear la memoria. Simplemente es una matriz gigante de ranuras de memoria. Hay personas que desarrollan un mapa y colocan la dirección con el menor valor en el primer lugar y hay otras que hacen lo opuesto y colocan la dirección de menor valor en último lugar. Cada dirección señala hacia el lugar donde puede almacenar un byte.

Sin embargo, el compilador C completa esto. Por ejemplo, si declaramos la variable char como –X, puede ubicarse en la dirección 2, de modo que si imprimimos el valor, no habría necesidad de seleccionar el valor en la dirección 2. En su lugar debemos escribir ,"select the X value" en dónde el compilador produce el código para asegurarnos de que funcione correctamente en la dirección correcta. Usar este nivel de abstracción simplifica el proceso entero.

Sin embargo, puesto que la mayoría de las variables contienen una cantidad mayor que un byte, puede que tengas que hacer que estas direcciones sólo contengan un valor. Por ejemplo, si escogemos un short int; nos pedirá que tengamos dos bytes.

Ahora, si la siguiente dirección empieza en cuatro, tendremos que usar la dirección 5. Cuando elegimos acceder a esta variable en particular, el compilador automáticamente creará el código y hará uso de todas las direcciones ya que está al tanto de la presencia del short int.

Pilas

La mayoría de los programadores prefieren usar almacenes temporales para las variables. Lo que esto significa es que hay variables que se usan por un período corto y luego son descartadas. Por lo tanto, no sería bueno asignarles un espacio permanente.

Normalmente una aplicación se constituye de dos partes: el código y los datos. La parte de los datos es permanente puesto que las dos partes no pueden consumir la memoria completa; la memoria restante se usa para el almacenamiento temporal por medio de pilas. Empieza en el extremo opuesto del mapa de memoria; la pila se extiende hasta parte de los datos y del código.

Es similar a una pila de bandejas. La primera bandeja de la pila será la última en ser retirada. Esta parte de la memoria se usa cada vez que se necesita alguna variable temporal. Dado que se requieren muchos items, la mayoría de la memoria será usada. Cundo el código termine, las variables temporales declaradas ya no son útiles y la pila se reduce.

Fundamentos del Lenguaje C

El lenguaje C está diseñado para los desarrolladores profesionales que quieren lograr muchas cosas con menos código. C es un lenguaje compilador. Esto significa que una vez que hemos escrito el programa, debemos transferirlo al compilador que empezará a transformar las instrucciones del lenguaje C en un código que el microcontrolador pueda recibir.

Como podrás ver, este es un paso adicional que se debe tomar, pero resulta en un programa mejor comparado con el intérprete. Luego de esto, el intérprete convertirá el código del lenguaje de máquinas.
Es crucial que la máquina tenga un intérprete. Este es un compilador que lo traduce de una vez en lugar de hacerlo línea por línea.
Sin embargo, C no es igual a otros lenguajes. Es un lenguaje de flujo libre. Tenemos frases, funciones y variables. Las variables, tal como ya hemos visto, son objetos que pueden almacenar cosas. Puede ser un número coma flotante u otro tipo de variable. Las sentencias tienen tareas, operaciones y muchas otras cosas. Las funciones tienen sentencias que pueden usar otras funciones.

Cómo nombrar y declarar variables

Nombrar variables en C es bastante sencillo. Los nombres de las variables pueden llevar numerales, guiones bajos, y letras. Puedes combinar letras mayúsculas y minúsculas. Sin embargo, la longitud no puede ser mayor a 31 caracteres.

Sin embargo, el límite real depende del compilador C. Además, las variables no pueden contener palabras claves al revés o caracteres especiales tales como punto y coma, comas, entre otros. Algunos ejemplos de nombres válidos pueden ser: resistor8,volt5, y we_are_variables.

El lenguaje C tiene distintos tipos de variables. Algunas de ellas consisten de números coma flotante y números reales en dos formas. Primero, hay un float de 32 bits y luego el doble. También tenemos algunos tipos de enteros que consisten de char, 16 bits, short int, y long ints de 32 bits. A pesar de que char sólo tiene 8 bits, tiene 2 a la 8 combinaciones- es decir, 256 valores separados que puedes que pueden servir para un solo carácter ASCII
Al igual que otros lenguajes, el lenguaje C tiene matrices unidimensionales y tipos de datos compuestos.

Cuando se trata de variables en el lenguaje C, es vital que las variables sean declaradas antes de usarse. Las variables no pueden crearse instantáneamente al igual que sucede con el lenguaje Python. Las declaraciones de variables se constituyen por el tipo de variable y el nombre de la variable. Puedes incluir también un valor inicial para la variable durante la declaración, pero eso es opcional. Se pueden hacer múltiples declaraciones de variables en el lenguaje C. Por ejemplo:

Float c = 1.2;
Char c;
Unsigned char x;

Deberías saber que toda declaración de variable termina con un punto y coma. Al igual que en otros lenguajes de programación tales como Java, el punto y coma indica el final de la sentencia.

Funciones

Las funciones se pueden nombrar de manera similar a las variables. Todas las funciones tienen una sintaxis general que se parece a esta:

```
Return_value function_name (function argument list)
{
Statement(s)
}
```

Puedes usar el concepto de función matemática, en el que le asignas algún valor y ella regresa otro valor. Un buen ejemplo de esto es una calculadora con la función coseno. Es posible asignarle un ángulo y como resultado, nos devolverá un valor específico. Las funciones pueden contener argumentos separados en el lenguaje C. Además, es posible que una función de C regrese valores. Una función vacía es aquella que no requiere un valor o no regresa un valor. Una función vacía (void) se verá así:

```
void function_name (void)
{
//necessary statements come here
}
```

Esto pudiera parecer mucho trabajo, pero los tipos de datos en el lenguaje C tienen sentido. Lo que esto significa es que si escoges usar un tipo erróneo de variable en una función, o incluso un número incorrecto de variables, recibirás una advertencia.

Por lo tanto, si tienes una función float e intentas suministrarle una variable entera, el compilador te enviará una advertencia. Todo programa debe tener un inicio y un final. En el lenguaje C, todos los programas empiezan con la función principal. Puedes ver el siguiente programa:

```
void main (void)
{
float y = 3.0;
float f = 2.0;
float t;
t=y*t
}
```

Existe una función main() que no acepta variables y no retorna nada.

Bibliotecas

El ejemplo anterior es limitado debido a que es difícil ver el resultado. Por lo tanto necesitarás de algunos métodos cuando quieras mostrar los resultados en la pantalla de tu computadora. Lograr esto dependerá de las bibliotecas y las funciones del sistema. Existen muchas bibliotecas que tienen los sistemas C más avanzados. En esencia, alguien probó, compiló y escribió una colección de funciones. Lo que debes hacer es enlazar las funciones al programa. El enlace ayuda a integrar el código y cualquier biblioteca existente a un programa entero. Para mostrar los datos generales y los datos de entrada, usamos el standard IO y stdio.

La biblioteca stdio tiene una función llamada printf().

```
// Our third program, this is an example of a single line comment
#include <stdio.h>
void main( void )
{
        printf("Hello world.\n");
}
```

El programa anterior mostrará las palabras "Hello World" en la pantalla de la computadora. Luego insertará una nueva línea después del backslash-n combo. La   se refiere a la adición de una nueva línea. Si no incluimos la directiva #include, el compilador no entenderá acerca de la función printf(), y mostrará un error cuando intentemos usarla. Ahora bien, ¿qué hay del archivo de cabecera?

El archivo de cabecera tiene muchos prototipos de distintas funciones. Estos prototipos pueden verse como plantillas, pero si lo deseas, puedes crear tu propia prototipo.

Para hacer uso de ellos, debes corregir la sentencia include escrita en el código, y será mejor si recuerdas incluir el código de enlace a la librería. Esto no solamente va a ahorrarte tiempo, sino que también te permitirá reusar el código.

Matemática Simple

C tiene algunos operadores matemáticos básicos al igual que otros lenguajes. Algunos de ellos son -.+, / y multiplicación. Los paréntesis ayudan a dividir los elementos y mejoran las operaciones jerárquicas. El lenguaje C tiene el operador % que representa el módulo. El módulo es una operación que calcula el resto de la división de un número por otro. Por ejemplo, el resto de 18 dividido entre 8 seria 2. La división también se aplica a enteros y flotantes que no tengan resto.

En otras palabras, 5 dividido entre 2 es 2 y no 2.5. Dentro del lenguaje C, hay una secuencia de manipuladores de bit útiles para situaciones como estas. Para operaciones matemáticas complejas tendrás que usar la biblioteca de matemática. Algunos de estos ejemplos son log(10), tan(), cos() y sin().

Sin embargo, no deberías intentar usar el operador debido a que tiene un operador separado en el lenguaje C. ¿Recuerdas lo que mencionamos acerca del uso de las bibliotecas? Colocar ciertas funciones tales como sin() en tu código obliga al compilador a definir los prototipos junto con el resto de la información relacionada. Por lo tanto, será necesario incluir la siguiente línea durante el inicio del programa:

#include <math.h>

Entrada y Salida del Lenguaje C

Sabemos que la función printf() muestra la información en la pantalla. printf() es una función extensa y compleja que tiene muchas variantes y especificadores de formato. Los especificadores de formato comprenden el símbolo % usado como el receptor del valor. Algunos ejemplos son:

%f	float
%lf	double (long float)
%e	float using exponent notation
%g	float using shorter of e or f style
%d	decimal integer
%ld	decimal long integer
%x	hexadecimal (hex or base 16) integer
%o	octal (base 8) integer
%u	unsigned integer
%c	single character
%s	character string

Por ejemplo, si queremos mostrar el valor de una variable en forma decimal, podríamos hacerlo de la siguiente manera:

printf ("The value is %d, in hex %x, and in octal is &o.\n", value1, value1, value1);

Deberías ver la manera en que hemos etiquetado las variables. Esto es crucial puesto que si cometes un error y muestras un valor sin etiqueta, será imposible decir si es hexadecimal o decimal. Por ejemplo, si ves un número como 22 ¿Cómo puedes estar seguro de que el número es decimal o hexadecimal? Es algo imposible de saber.

Además de indicar la etiqueta, puedes imprimirla con una amplitud de campo. Por ejemplo, %6d es equivalente a imprimir el entero decimal con un espacio mínimo de 6. De manera similar, %6.2f implica que imprimes el valor coma flotante con un mínimo de 6 espacios. El .2 es un especificador exacto, y en el siguiente ejemplo, muestra dos dígitos después de la coma decimal. Puedes ver lo poderosa y flexible que es esta función.

La función de entrada para el lenguaje C es scanf(). Esta se asemeja a la sentencia de entrada de Python.

Viene con especificadores al igual que printf(). Hay algo que se debe entender, la función scanf() requiere que especifiques la ubicación en la que se guarda el valor en la memoria. Esto demuestra que escribir el nombre de la variable no es suficiente. Tienes que describirla con detalle.

C tiene el operador & que significa: "la dirección de". Vamos a suponer que quieres seleccionar una variable entera específica de un usuario y guardarla dentro de la variable "voltage". A continuación está el fragmento de código que debes revisar:

```
printf ("Kindly type in the voltage");
scanf ("%d," &voltage);
```

Operadores Bitwise

Hay ocasiones en que deberías realizar operaciones bitwise en lugar de operaciones matemáticas ordinarias.

Por ejemplo, si quieres aplicar AND a dos variables bit por bit, una operación bitwise sería la mejor opción al escribir el código para programar los microcontroladores, probando y depurando bits específicos en los registros de control.

C tiene varias operaciones bitwise. Algunas de ellas incluyen AND, XOR, Shift Left, One's Complement y Shift Right.

Capítulo 5

Entradas, Salidas y Sensores Avanzados

Hasta ahora has conocido algunas de las operaciones básicas que puedes realizar en Arduino, por ejemplo, regular la entrada y salida digital.

Otros Sensores de encendido o apagado

Además de los botones existen otros sensores que pueden funcionar igualmente

Interruptores

Al igual que un botón, un interruptor no cambia su estado cada vez que es usado.

Termostatos

Este interruptor abre el circuito cada vez que la temperatura excede el límite absolute

Interruptor Magnético

Este contiene dos contactos que se unen cuando están cercas de un magneto. Se usan en alarmas antirrobos para detectar la apertura de una ventana.

Carpet Switches

Son las esteras que ayudan a monitorear la presencia de un ser humano.

Sensores de Inclinación

Este componente electrónico primordial tiene dos contactos y una pequeña bola de metal. Si el sensor está vertical, la bola del sensor completa los dos contactos.

Esto funciona como si uno presionara un botón. Cuando el sensor se inclina un poco, la bola se mueve y los contactos se abren. Esto es análogo a cuando uno presiona un botón para abrir el circuito.

Si aplicas este tipo de componente, puedes implementar exitosamente la interfaz de gestos que reacciona cada vez que un objeto es agitado. Tienes que experimentar buscando todo tipo de dispositivos que tengan dos contactos similares al termostato.

Regula la luz con PWM

Hasta el momento has aprendido mucha cosas y creemos que ya eres capaz de usar ese conocimiento para crear una lámpara interactiva.

Una desventaja del LED parpadeante es que sólo te permite hacer que la luz se encienda y se apague. No puedes hacer otra cosa. Para resolver tal problema, podemos aplicar un truco sencillo que hace posible tener una visión continua.

Podemos tomar el ejemplo del LED parpadeante. Si cambiamos los números en la función delay, el LED dejará de parpadear. De hecho, verás que el LED empieza a brillar a 50% de su brillo normal.

Tienes que cambiar los números para hacer que el LED permanezca encendido un cuarto del tiempo del que está apagado.

Este método se conoce como la modulación de amplitud de pulso. Es un enfoque interesante de decir que si el LED parpadea extremadamente rápido, llegará un punto en el que no lo verás parpadear. Sin embargo, puedes modificar su brillo cambiando el tiempo que dura encendido y el tiempo que dura apagado. Este método aún funciona en muchos dispositivos, tales como los LED. Por ejemplo, es posible cambiar la velocidad del motor de la misma manera.

Durante el experimento te darás cuenta de que cuando haces que el LED parpadee y luego introduces un retraso específico en el código, resulta un poco inconveniente. Esto se debe a que cuando transfieres datos por medio del puerto serie, el LED cambia cuando espera a que dejes de leer el sensor.

Afortunadamente el procesador que se usa en la placa Arduino tiene un hardware que admite tres LEDs si tu sketch hace algo diferente. El hardware se implementa en los pines marcados como 9,10 y 11. Pueden ser controlados por la instrucción analogWrite().

Use Light Sensor instead of a Pushbutton

En este caso queremos hacer un experimento emocionante. Agarra un sensor de luz. En condiciones oscuras, la resistencia del resistor dependiente de la luz se vuelve alta. Cada vez que lo alumbras, la resistencia disminuye rápidamente y se vuelve un buen conductor eléctrico. En otras palabras es algo similar al interruptor activado por luz.

1. Crea el circuito con la ayuda de un botón para regular el LED

2. Luego inserta el LDR en la placa de pruebas en lugar del botón. Notarás que cada vez que cubres el LDR con tus manos, el LED permanece apagado.

3. Cuando descubres el LDR, el LED se enciende. Felicidades, has creado el primer LED alimentado por un sensor real.

La Entrada Analógica

Hasta ahora hemos visto que Arduino puede ayudarte a revisar si el voltaje fluye por los pines. Además, puede medir el voltaje usando la función digitalRead(). El sensor de luz que hemos usado nos puede mostrar si hay luz y además de eso, puede darnos una lectura de la cantidad de luz presente.

Esto hace la diferencia en un sensor de encendido/apagado. Su valor siempre cambia de modo que pueda leer este tipo particular de sensor. Cuando veas la parte inferior de la placa Arduino, verás seis pines marcados como Analog In. Estos son tipos de pines únicos con los que no solamente puedes mostrar la existencia del voltaje sino también su valor. Si aplicas la función analogRead(), leerás el voltaje de cualquiera de los pines.

Esta poderosa función regresa u número en el rango de 0 a 1023. Esto representa el voltaje entre 0 y 5 voltios. Por ejemplo, si tenemos un voltaje de 2,5V dirigido al pin0. El analogRead(0) mostrará 512.

Si creas un circuito como el que te muestro a continuación y corres el código en la siguiente sección, verás al LED incorporado parpadeando a la velocidad que depende de la cantidad de luz que incida sobre el sensor.

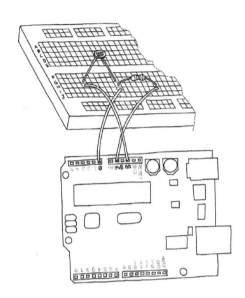

```
// Example 06A: Blink LED at a rate specified by the
// value of the analogue input

#define LED  13 // the pin for the LED

int val = 0;   // variable used to store the value
               // coming from the sensor
void setup() {
  pinMode(LED, OUTPUT); // LED is as an OUTPUT

  // Note: Analogue pins are
  // automatically set as inputs
}


void loop() {

  val = analogRead(0); // read the value from
                       // the sensor

  digitalWrite(13, HIGH); // turn the LED on

  delay(val); // stop the program for
              // some time

  digitalWrite(13, LOW); // turn the LED off

  delay(val); // stop the program for
              // some time
}
```

Otros Sensores Analógicos

Si usamos el circuito anterior, podemos conectar múltiples sensores de resistencia que pueden funcionar del mismo modo. Por ejemplo, puedes conectar un termistor- un pequeño dispositivo cuya resistencia cambia con la temperatura.

En el circuito hemos discutido el modo en que un cambio en la resistencia cambia el voltaje que es medido por la placa Arduino.

Si usas un termistor, es esencial entender que existe una relación directa entre el valor que lees y la temperatura inicial medida. Si quieres una lectura correcta, tienes que ver los números que aparecen en el pin análogo cuando mides con el termómetro real. Podrías colocar los números en una tabla y crear un método para que los resultados analógicos se ajusten a la temperatura real del mundo..

Up until now, the LED has been used as an output device. However, you might want to know how to read the initial values accessed by the Arduino from the sensor.

Hasta ahora el LED ha sido usado como un dispositivo de salida. Sin embargo, puede que quieras saber cómo leer los valores iniciales introducidos por el Arduino desde el sensor.

Comunicación Secuencial

En un momento mencionamos que el Arduino tiene una conexión USB que se conecta al IDE para enviar el código al procesador. Lo mejor es que la conexión puede establecerse usando los sketches para pasar los códigos a la computadora.

Consiste el código que vamos a transferir y recibir datos. Introduce el siguiente código en el nuevo sketch.

```
// Example 07: Send to the computer the values read from
// analogue input 0
// Make sure you click on "Serial Monitor"
// after you upload

#define SENSOR 0  // select the input pin for the
                  // sensor resistor

int val = 0; // variable to store the value coming
             // from the sensor

void setup() {

  Serial.begin(9600); // open the serial port to send
                      // data back to the computer at
                      // 9600 bits per second
}

void loop() {

  val = analogRead(SENSOR); // read the value from
                            // the sensor

  Serial.println(val); // print the value to
                       // the serial port

  delay(100); // wait 100ms between
              // each send
}
```

Una vez que tengas este código en el Arduino, puedes pasar y presionar el botón del Monitor Secuencial ubicado en el IDE de Arduino. En caso de que no lo veas, deberías buscar el botón en el extremo derecho de la barra de herramientas. Cualquier software que pueda leer el puerto serie puede comunicarse con Arduino. Muchos lenguajes de programación te permitirán crear programas capaces de interactuar con el puerto secuencial en la computadora.

Motores, Lámparas y otros

Cualquier pin de la placa Arduino puede funcionar como un dispositivo de energía que usa cerca de 20 miliamperios. Deberías saber que 20 miliamperios no es una corriente muy grande; es suficiente para encender un LED. Si intentas suministrarle esta corriente a otro dispositivo, como un motor por ejemplo, el pin dejará de funcionar y te arriesgas a quemar el procesador entero.

Para encender y apagar grandes cargas, tienes que tener un dispositivo externo que pueda modificar las cosas. Un ejemplo de este dispositivo es el transistor MOSFET. No te preocupes por su nombre a pesar de que suene un poco raro. Es un interruptor electrónico al que se le puede suministrar energía aplicándole un voltaje a cualquiera de sus tres pins. Se parece a un interruptor que usamos en casa. Tal como el que enciende y apaga la placa Arduino.

Si no sabes lo que significa MOSFET, es el acrónimo de "metal-oxide-semicondutor field-effect transistor" o transistor de efecto de campo metal-óxido-semiconductor en español. Este es un tipo de transistor único que opera por el principio de efecto de campo. En resumen, la electricidad pasará por un material semiconductor cuando el voltaje pase por un pin Gate.

Sensores Complejos

Cuando hablamos de sensores complejos nos referimos a un tipo particular de información que requiere algo más que las funciones digitalRead(), o analogRead().A menudo, se trata de circuitos pequeños que contienen un microcontrolador que pre-procesa la información.

Algunos de los sensores complejos son los acelerómetros, los sensores ultrasónicos y los sensores infrarrojos.

Funciones Digitales

Hasta ahora has interactuado con varias funciones digitales, y ya sabes cómo usarlas. Sin embargo, no hemos ahondado más en ellas, ya es momento de ahondar más y examinarlas para que puedas desarrollar un mejor entendimiento de ellas.

pinMode()

Antes de empezar a aplicar otras funcionas digitales, es bueno hacer entender a Arduino el método con el que queremos usar los pines I/O. Esto se puede hacer con esta función. La función nos permite definir el tipo de pin que queremos usar así como también el modo en que lo queremos usar. Tiene una sintaxis sencilla tal como se muestra a continuación:

pinMode (pin, state)

Dentro de los paréntesis los dos valores van separados por una coma. El primer valor es el pin que queremos configurar. Este puede ser un número o el valor de una variable que vaya de 0 a 13 o también de A0 hasta A5.

El segundo valor representa el estado en que se espera que el pin funcione en el circuito. El estado puede incluir dos constantes predefinidas. Pueden ser INPUT o OUTPUT (entrada y salida respectivamente). Aplicamos INPUT en pinMode() cuando ponemos el pin en un estado de alto impedimento. En este modo, el pin está diseñado para aceptar una señal de entrada a pesar de que emplea una carga menor en el circuito entero. Esto es genial para leer entradas sensibles sin impactar el sensor. En el caso de un pin de entrada digital, tiene sensibilidad para dos valores, el "LOW" y "HIGH".

Si aplicamos OUTPUT, el pin digital asume un estado de "bajo impedimento." Y además puede disminuir la corriente dado el tamaño pequeño de estos chips de 40 miliamperios..

digitalWrite()

Una vez que haya un pin identificado como OUTPUT, puedes hacer que el pin se encienda o apague usando esta función. La sintaxis es la siguiente:

digitalWrite (pin, state)

Esta función se usa en dos frases que tengan el número del pin y el estado. Es similar a pinMode(). El valor puede estar entre 0 y 13 o de A0 hasta A5. La línea siguiente contiene el estado de salida que es similar a las constantes predefinidas. Las constantes pueden ser HIGH o LOW.

El estado HIGH de corriente fuente establece una conexión a +5VCC. LOW representa el estado natural de un pin de salida. Este hará una conexión a tierra. Por otro lado, HIGH cierra el circuito.

digitalRead()

Una vez que hayas configurado el pin digital a INPUT, serás capaz de leer el estado de cada pin usando esta función. La sintaxis básica es esta:

digitalRead(pin)

el próximo caso, tenemos que describir el número de pin para el pin INPUT particular con la ayuda de una constante o variable numérica. Lo que suceda con este tipo de lectura depende de las dos manera distintas en que podemos usar esta función. La primera es la condición del pin, y la segunda es la aplicación de la función en la posición de la variable.

sensorState = digitalRead(sensorPin);
if (sensorState == HIGH) digitalWrite (ledPin, HIGH);

Revisando las líneas del código anterior, vemos que la función digitalRead() lee el pin de entrada, la lectura luego es guarda en una variable. La siguiente línea usa la frase if para probar la variable. Ahora, si la variable es igual a HIGH, la salida del pin será HIGH. Sin embargo, hay otro modo de reescribir el código entero en una sola línea, tal como se muestra a continuación:

if(digitalRead(sensorPin) == HIGH) digitalWrite (ledPin, HIGH);

Esta línea de código usa la función digitalRead() en el lugar de la variable. Esto significa que cuando la lectura del sensor sea igual a HIGH, el resto de la línea será ejecutada.

Cambios de Estado

Dado que tenemos dos condiciones que nos pueden permitir leer o escribir entradas digitales, y salidas como low or high, podemos usarlas para determinar el cambio de estados. En este caso, los cambios de pin de high a low o de low a high.

Si quieres grabar un cambio de estado en una entrada digital, no hay necesidad de explicar el estado exacto del pin. Sin embargo, lo que haces es marcar el momento en el que el pin cambia de estado.

Para lograr esto tenemos que crear una comparación del estado actual del pin y la última vez que registramos un estado. Si buscamos una entrada y descubrimos que es low, y la última vez había sido marcada como high, es un indicio de que el botón fue presionado.
El proceso de identificación de estos cambios se conoce como detección de bordes. Lo llamamos así porque nuestro interés principal es conocer el momento exacto en que el estado cambió de A a B.

```
1   #define NOTE_C4   262
2   #define NOTE_D4   294
3   #define NOTE_E4   330
4   #define NOTE_F4   349
5   #define NOTE_G4   392
6   #define NOTE_A4   440
7   #define NOTE_B4   494
8   #define NOTE_C5   523
9
10  const int kPinSpeaker = 9;
11
12  void setup()
13  {
14    pinMode(kPinSpeaker, OUTPUT);
15  }
16
17  void loop()
18  {
19    ourTone(NOTE_C4, 500);
20    ourTone(NOTE_D4, 500);
21    ourTone(NOTE_E4, 500);
22    ourTone(NOTE_F4, 500);
23    ourTone(NOTE_G4, 500);
24    ourTone(NOTE_A4, 500);
25    ourTone(NOTE_B4, 500);
26    ourTone(NOTE_C5, 500);
27
28    noTone(kPinSpeaker);
29    delay(2000);
30  }
31
32  void ourTone(int freq, int duration)
33  {
34    tone(kPinSpeaker, freq, duration);
35    delay(duration);
36  }
```

Capítulo 6

Sonido

Queremos hacer algo de ruido. Debemos usar un fotorresitor y un piezo. Vamos a crear un theremín dependiente de la luz.

En este capítulo aprenderás a hacer sonidos usando la función tone() y también aprenderás a calibrar sensores analógicos.

El Theremín es un dispositivo que crea sonidos por el movimiento de las manos del músico cerca del instrumento. El Theremín identifica la posición de las manos del músico frente a las antenas. Puede hacer esto al interpretar el cambio de las antenas. Las antenas se conectan con el circuito analógico que produce el sonido.

Una antena se encarga de la frecuencia del sonido y la otra controla el volumen.
A pesar de que Arduino no puede emular perfectamente los sonidos de este instrumento, puede replicarlos usando la función tone().

Esto hará que un transductor tal como un piezo o un altavoz se mueva hacia adelante y hacia atrás a diferentes velocidades.

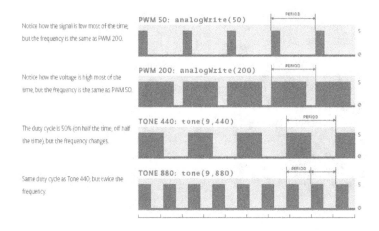

Notice how the signal is low most of the time, but the frequency is the same as PWM 200.

PWM 50: analogWrite(50)

Notice how the voltage is high most of the time, but the frequency is the same as PWM 50.

PWM 200: analogWrite(200)

The duty cycle is 50% (on half the time, off half the time), but the frequency changes.

TONE 440: tone(9,440)

Same duty cycle as Tone 440, but twice the frequency.

TONE 880: tone(9,880)

En lugar de detectar la capacitancia usando el Arduino, usarás un fotorresitor para determinar la intensidad de la luz. Al pasar tus manos sobre el sensor, puedes cambiar la intensidad de la luz que incide sobre el fotorresitor. La variación del voltaje en el pin análogo mostrará el tipo de nota de frecuencia que debes tocar.

Agarra el fotorresitor y conéctalo al Arduino usando un circuito divisor de tensión. Deberías notar que el resistor disminuye el extremo más bajo mientras que el brillo de la luz reduce el extremo más alto.

No vas a seleccionar el rango limitado sino que marcarás las lecturas del sensor de modo que puedas registrar tanto los valores bajos como altos. Esto te da la habilidad de ajustar las lecturas de los sensores cuando transfieres el circuito a un ambiente nuevo.

El piezo es un pequeño componente que vibrará cada vez que la electricidad fluya a través de él y creará ondas sonoras al moverse.

Vamos a construir el circuito.

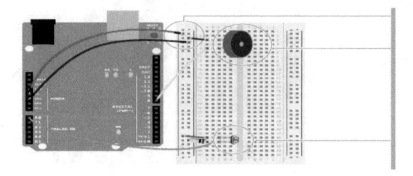

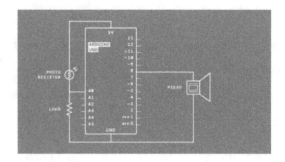

Los Theremines tradicionales podían controlar el volumen y la frecuencia
del sonido. En este ejemplo serás capaz de controlar la frecuencia. A pesar
de que es difícil controlar el volumen, no es difícil cambiar el nivel del
voltaje que pasa por el altavoz. ¿Qué pasa si el potenciómetro se conecta en
serie usando el piezo y el pin 8? ¿Qué tal si usamos otro fotorresitor? Ya lo
vamos a averiguar.

1. Coge la placa de pruebas y conecta el bus externo a tierra y a la
   fuente de poder.
2. Conecta un extremo del piezo a tierra y el otro al pin 8 de Arduino.

3. Inserta el fotorresitor en la placa de pruebas y conecta un extremo a la fuente de 5V. Después, conecta el otro extremo al pin 0 analógico de Arduino, y a tierra por medio del resistor.

Examinemos el código:

Primero debemos declarar una variable que guarde el valor analogRead() del fotorresitor. Luego debemos declarar una variable para valores altos y bajos. Fia el valor inicial de la variable sensorLow a 1023 y la variable del mayor valor en 0. En la primera ejecución del programa, crea una comparación de las cantidades anteriores con las lecturas del sensor para determinar el valor más bajo y el valor más alto.

Identifica la constante para la calibración

Define una constante llamada ledPin. Esta debería ser una señal para mostrar que el sensor ha sido calibrado. Para este ejemplo particular usa el LED de la placa conectado al pin 13.

Configura el pin digital.

En setup(), actualiza pinMode() a 0 y enciende la luz.

Usa while() para calibrar

Luego debes etiquetar el valor máximo y el valor mínimo. Permite que la frase while() ejecute el bucle durante unos 5 segundos. Los bucles while() correrán hasta que una condición específica sea cierta. En esta situación, aplicarás la función millis() para conocer el tiempo. La función millis() revela la cantidad de tiempo que Arduino ha estado encendido desde el momento en que fue encendido.

Comparación de los valores del sensor para calibrar

Esto tendrá lugar dentro del bucle mientras determinas el valor del sensor. En caso de que el valor sea menor que el de sensorLow, que originalmente era 1023, deberías actualizar la variable. Del mismo modo, si es mayor que el de sensorHigh, el cual era 0, tendrás que actualizarla también.

Muestra de que la calibración ha terminado

Luego de 5 segundos, el bucle while() se detiene. Retira el LED conectado al pin 13. Calibra la frecuencia de tu programa usando los valores altos y bajos del sensor (high y low).

```
 9     sensorValue = analogRead(A0);
10     if (sensorValue > sensorHigh) {
11       sensorHigh = sensorValue;
12     }
13     if (sensorValue < sensorLow) {
14       sensorLow = sensorValue;
15     }
16   }

17   digitalWrite(ledPin, LOW);
18 }
```

Lectura y almacenamiento del valor del sensor

Mientras se ejecute loop(), lee el valor de A0 y guárdalo en sensorValue.

Encierra el valor del sensor en una frecuencia determinada

Declara una variable llamada pitch. El valor guardado en la variable pitch viene de sensorValue. Define el sensorLow y el sensorHigh como los límites del valor recibido, aunque puedes tener un valor comprendido entre 50 y 4000 como la salida inicial.

Reproduce la frecuencia

Lo siguiente que tienes que hacer es usar la función tone() para que pueda reproducir el sonido. La función tone() acepta tres argumentos: el pin que representará el sonido, la frecuencia a reproducir y el período para reproducir la nota. Finalmente, puedes usar la función delay() para crear un retraso de 10 milisegundo para dar tiempo a que el sonido se reproduzca. Cuando enciendas el Arduino, habrá un intervalo de 5 segundos para ajustar el sensor. Para lograr esto, asegúrate de pasar tus manos cerca del fotorresitor para hacer que la incidencia de luz en él varíe. Mueve tus manos cerca del instrumento, esto mejorará la calibración.

La calibración terminará luego de 5 segundos, y el LED de Arduino se encenderá. Luego deberías escuchar el sonido que se origina en el piezo. Cuando la intensidad de luz que incide sobre el sensor varíe, la frecuencia del piezo también variará.

```
19 void loop() {
20   sensorValue = analogRead(A0);

21   int pitch =
       map(sensorValue,sensorLow,sensorHigh, 50, 4000);


22   tone(8,pitch,20);



23   delay(10);
24 }
```

La función map() define el pitch como amplitud, y puedes tratar de cambiar las frecuencias para determinar la que sea perfecta para tu estilo musical.

La función tone() funciona igual que el PWM en la función analogWrite(), pero tiene una diferencia. La función analogWrite() tiene una frecuencia fija. Sin embargo, con la función tone() seguirás enviando pulsos mientras cambies la tasa.

La función tone() te permite definir las frecuencias cuando pulsa un piezo o un altavoz. Si aplicas sensores a un divisor de voltaje no recibirás un rango completo de valores. Sin embargo, calibrar los sensores te permite mapear las entradas en un área específica.

Capítulo 7

Shields de Arduino

Un Shield Arduino es una placa de circuitos impresa. Puedes conectarla a tu Arduino para aumente su funcionalidad con esta placa extra. Arduino tiene pocas partes por sí sólo. Tiene un microcontrolador, conectores y hoyos para conectar al microcontrolador.

Tiene un LED, ¿verdad? Luego tenemos un puerto USB para comunicarse con la computadora. Además de ello, no parece tener una interfaz. Esto es importante y significativo en un sistema avanzado puesto que ayuda a realizar funciones específicas que son difíciles de lograr con el microcontrolador.

Por lo tanto, un shield simplifica el proceso para ti. Un shield comprende dos cosas. El hardware que compone la pequeña placa, un circuito impreso que tiene el mismo tamaño del Arduino y encaja perfectamente en el Arduino. El shield está disponible en el estado de pre-conectado, como una placa pre-fabricada y también lo puedes comprar es fabricado.

Hay shields que no son fabricados. Esto significa que puedes comprar el diseño. Es de código abierto, puedes comprar el diseño o producirlo tú mismo. Sin embargo, la mayoría del tiempo se compra pre-fabricado.

Por lo tanto tenemos la parte de hardware del shield y la parte del software. El software representa la biblioteca que ha sido unida al shield. En otras palabras, usamos este shield como una colección de bibliotecas y un conjunto de funciones para realizar todas las tareas interesantes que puede hacer.

Bueno, en este punto podrías preguntarte "¿Cuáles son los beneficios de los shields?" "¿Por qué debería usar un shield?" "¿Necesita cables?" La siguiente imagen representa un shield. Es como un shield de Ethernet.

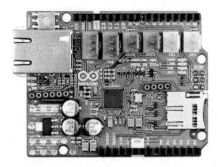

El circuito del shield anteriormente mostrado está pre-conectado. Si pasas algunos minutos revisando el shield, encontrarás que tiene distintos componentes. Hay chips que están conectados entre sí. Ese tipo de conexión no debería asustarte. No tienes que hacerlo.

Ese cableado ha sido hecho para ti. Viene pre-conectado de modo que no hay necesidad de preocuparse por los detalles del cableado. De nuevo, el cableado que conecta el resto del shield y los conectores del shield a los conectores del Arduino original no debería preocuparte.

Si revisas el shield, verás que tiene pines debajo, esos pines encajan en los hoyos del Arduino. Esto significa que no debes preocuparte por ningún cableado adicional. Simplemente coloca la placa encima del Arduino y ya está instalado

Eso es genial, ¿verdad? No se requiere de ningún trabajo extra para crear el diseño del hardware del circuito.

El shield es fácil de usar debido a que las funciones de la biblioteca pueden manejar todos los detalles complicados y la manera de usar el dispositivo. Por ejemplo, en la imagen que vimos anteriormente nos encontrábamos ante un controlador de Ethernet. Dentro de él encontrarás un chip llamado controlador de Ethernet wiznet. Este tipo de chip es bastante complicado de usar. Si usas el chip por tu parte, encontrarás una ficha técnica- una densa ficha técnica que debes entender.

Con la existencia de las funciones de biblioteca, no tendrás que hacer eso. Lo único que debes hacer es usarlas y establecerás una conexión de Ethernet.

Pines

Si viste la imagen mencionada pensarás que los pines están ausentes, pero no. Los pines están en la parte inferior. Mira el Arduino y verás un conjunto de hoyos. Las filas de hoyos se ubican en la parte inferior o en la parte superior, a la derecha o a la izquierda dependiendo de la orientación de los pines.

Estos shields contienen pines en la parte inferior que pueden unirse a los hoyos en la parte superior del Arduino. En otras palabras, puedes agarrar el shield y colocarlo allí y ya está, queda conectado automáticamente.

A pesar de que todos los pines estén conectados, no todos se usan en la comunicación entre el Arduino y el shield. Esto es algo crucial especialmente cundo tienes muchos shields. Vamos a suponer que tienes dos shields que quieres conectar. Si ambos shields usan los mismos conectores para varios propósitos, la comunicación no será exitosa.

Por ejemplo, si tienes un shield que usas como una entrada digital y el otro conector es aplicado como la salida entonces tienes un problema. Cada vez que vayas a usar varios shields al mismo tiempo, tienes que tener cuidado y revisar cuáles conectores son usados por un shield dado y para qué se usan.

La manera típica de comunicar un shield con el Arduino es por medio del I-2-C. Si tienes tres shields y ambos se comunican por medio de 12C, puede que compartan los mismos conectores y no debería haber conflicto. Puedes combinar tantos como desees. Sin embargo, hay ocasiones en las que los shields comparten los mismos conectores para propósitos diferentes sin que haya conflicto.

Eligiendo el Shield para Arduino

Arduino es un gran microcontrolador que permite a los diseñadores crear prototipos de proyectos. Tiene muchos GPIOs y periféricos. En esta sección, veremos algunos de los factores a considerar cuando buscamos un shield para Arduino.

Arduino consiste de una secuencia de microcontroladores que tienen muchos conectores IO y también periféricos. Sin embargo, esto podría no ser suficiente. Piensa en la situación en que un usuario del Arduino Uno quiera unir el componente de WI-FI en su proyecto.

Podría comprar el modelo de WI-FI y luego conectarlo al pin GPIO específico antes de iniciar el UNO para que use el módulo. Sin embargo, los diseñadores de Arduino lo pensaron por anticipado. Eligieron diseñar sus placas de modo tal que pudieran combinarse con otras placas que tuviesen características adicionales.

El Shield de Arduino

Ya sabemos lo geniales que pueden ser los shields de Arduino, pero no sabemos cómo podemos escoger el mejor shield. Lo primero que debes hacer es identificar la placa. El nombre de Arduino abarca una colección entera de placas de desarrollo. Puesto que hay tantas opciones, hay shields que no son compatibles con algunos Arduinos.

Acá hay algunas cosas a tener en mente:

Pinout

Casi todo tipo de dispositivo electrónico tiene un pinout. Se usa para determinar la función de cada pin. Es esencial que el tipo de shield que usas debería tener el mismo pinout que está usando tu Arduino. Hay muchas maneras en que puedes lograr esto, y la siguiente lista tiene varios enfoques que puedes aplicar.

1. Revisa la ficha técnica. Tiene el tipo de placas Arduino con las que mejor funciona.

2. Investiga el shield en internet para averiguar lo que opinan otras personas.

3. Busca imágenes del shield para determinar si los pines comparten una ubicación similar en la placa Arduino.

4. Coloca el shield encima de la placa para ver si los pines se alinean.

Voltaje Operativo

A pesar de que un shield puede parecer compatible debido al pinout, puede no ajustarse a los niveles de voltaje. Las placas Arduino tienen 3,3V, y algunas usan 5V. Debido a esto, tu shield podría destruir el Arduino o resultar dañado por la placa. Puedes identificar los niveles de voltaje al examinar la ficha técnica del shield. Esta debería contener información tal como el voltaje I/O, la potencia de disipación, el voltaje y la corriente. Muchos shields han sido diseñados con el Arduino Uno en mente; esto implica que están diseñados principalmente para funcionar con5V. el ARM-based Arduino funciona con 3,3V.

Bibliotecas

El hecho de que un shield sea compatible con el voltaje y el pin no significa que las bibliotecas de ese shield van a funcionar. Esto podría suceder debido a que las bibliotecas no tienen la biblioteca Arduini para identificar el número de pines I/O y la aplicación del hardware. Sin embargo, las bibliotecas tienen acceso directo al hardware por medio de los registros que son únicos para los núcleos ARM o AVR. A pesar de que esto mejora el rendimiento, también muestra que una biblioteca escrita para el Uno podría no funcionar a pesar de las distintas arquitecturas.

Escogiendo tu shield

Ahora que conoces los detalles técnicos para considerar usar un shield Arduino en tu proyecto, es momento de elegir uno. Para encontrar un shield, identifica la razón por la que lo necesitas y la función que realizará. Por ejemplo, el Uno no soporta la función de internet, y algo tal como el circuito Wi-Fi sería ideal. Más adelante compartiremos contigo algunos de los mejores shields de Arduino que puedes comprar y usar en tus proyectos.

Los Cuatro Mejores Shields para Arduino

Ya has pasado por la tienda electrónica y has comprado un starter kit de Arduino completo, y no te has saltado ningún paso de las guías de Arduino. Sin embargo tienes un problema. Necesitas muchas cosas para completar tu sueño electrónico.

Afortunadamente, si tienes la placa Arduino, puedes combinar la funcionalidad con otras cosas tales como los shields. Los shields han sido creados principalmente para la placa Uno. Como se mencionó anteriormente, los shields tienen la misma forma y disposición de pins. Lo conectas y tendrás una mejora inmediata de la funcionalidad.

El Ethernet Shield

Es el área formal de los creadores de Arduin. El shield tiene una forma para hacer que tu proyecto Arduino funcione independientemente de la computadora mientras la conexión se mantiene.

Otra característica extra con la que viene este tipo de placa es la ranura para una tarjeta MicroSD. Por lo tanto, si tu proyecto necesita un archivo de una extensión tal como mp3 o un video, serás capaz de guardarla aquí.

Sin embargo, antes de que puedas comprar una, es importante resaltar que los Ethernet shields son específicos para una versión. Puedes comprar uno que no encaje con tu placa. Por lo tanto, es esencial que revises el número de versión en la parte inferior de tu placa antes de que compres uno.

El 4-Relay shield

Es posible encender la tetera mientras andas en internet. Los relés son una parte crítica para la mayoría de los proyectos de automatización caseros. Esto se debe a que pueden hacer que un interruptor cierre o abra los circuitos. Hay una alta probabilidad de que conozcas los relés si tienes un starter kit, y vas necesitar componentes específicos.

Con este shield de 4 relés le dirás adiós a estos problemas. Con los 4 pines IO deberías ser capaz de conectar un pin "HIGH" para disparar el relé. Cada relé soportará cerca de tres amperios, aunque puedes usar un relé que tenga circuitos de baja potencia como un reemplazo para el interruptor de encendido/apagado.

Algo que me gustaría mencionar es que si has dejado que este interruptor encienda la electricidad de tus dispositivos electrónicos, deberías tener cuidado ya que es como dejar expuesto el enchufe.

El Protoshield

El protoshield no realiza nada, y esa es la razón por la que se ve vacío. Sin embargo, si has estado usando la placa de pruebas para hacer un prototipo, tendrás que volverlo permanente. Luego de eso puedes proceder a colocarle más shields encima.

La pantalla LCD con Visualización de Caracteres de 16x

Las razones por las que debes usar una pantalla LCD para tu proyecto son obvias. Tu Arduino puede mostrar mensajes, pero estos requieren de 7 o más pines IO. Este tipo de shield particular está hecho con la ayuda del bus de comunicación 12C. Esto muestra que lleva dos pines que están relacionados a otras partes del mismo bus.

Además de la pantalla, tenemos cuatro botones direccionales y un botón de selección. Esto proporciona una interfaz para la PC. Si sientes que la monotonía te está superando, entonces puedes tratar con esto.

Ten en cuenta que no todos los tipos de shields son apilables. Tendrás que mover algunos a la cima de la pila si no tienen pines.

Capítulo 8

Proyectos

El Instrumento de Teclado

Con la ayuda de algunos botones, resistores y otros dispositivos serás capaz de crear un pequeño teclado musical.

A pesar de que puedes colocar algunos interruptores en una entrada digital y producir distintos tonos, en este proyecto en particular vas a aprender a crear una escalera de resistencias.

Este es un método en el que puedes leer algunos interruptores usando una entrada analógica. Es una técnica esencial si tienes datos digitales limitados. Conectarás algunos interruptores en paralelo en la entrada analógica. Cuando toques un botón habrá un nivel de voltaje separado que fluirá a través del pin de entrada. Si presionas dos botones a la vez, encontrarás una entrada única que depende de la conexión entre los dos resistores en paralelo. La siguiente figura muestra una escalera de resistencias y cinco interruptores.

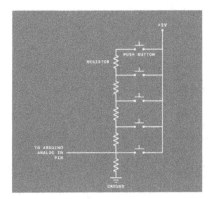

Vamos a darle un vistazo al circuito

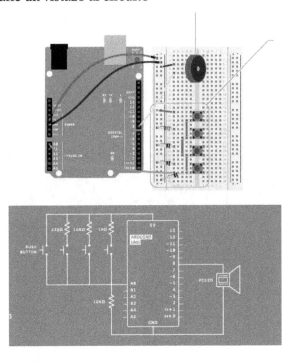

1. Primero, tienes que conectar la placa de pruebas a la fuente de poder y a tierra como hicimos en los ejemplos previos. Sostén un extremo del piezo y conéctalo a tierra. Conecta el otro extremo al pin de tu Arduino.

2. Organiza los interruptores en la placa de pruebas tal como se muestra en la figura anterior. El patrón en que los resistores y los interruptores van a la salida analógica es la escalera de resistencias. Conecta el primero a la fuente de poder y luego haz lo mismo con el segundo, el tercero y el cuarto interruptor por medio de los resistores respectivos. Conecta el nodo a tierra usando un resistor de 10-kiloohms y luego conéctalo a la analógica en 0.

Busca algo con lo que puedas cubrir tu teclado. Agarra un pequeño pedazo de cartón que puedas cortar para colocarlo sobre los botones. Marca las teclas para ayudarte a recordar las notas que han sido producidas por cada una de ellas.

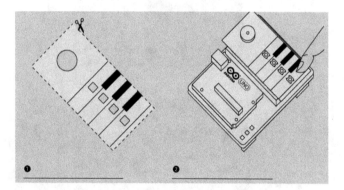

3. Agarra un pequeño pedazo de papel que tenga agujeros que coincidan con los cuatro botones y el piezo. Decóralo para que parezca el teclado de un piano.

4. Coloca el papel encima de los botones y el piezo y disfruta de tu creación.

El CÓDIGO

Para este programa tendrás que usar varios valores distintos de frecuencia que quieras que se reproduzcan cuando toques los botones. Puedes empezar con las frecuencias para las partes etiquetadas como C, D, E y F. Para lograr esto debes crear una variable llamada matriz unidimensional (o formación).

Una matriz unidimensional contiene distintos valores de tipo similar; estos pueden ser las frecuencias de la escala musical. Son una herramienta genial para ayudarte a acceder rápido a la información. Si quieres declarar un matriz, hazlo del mismo modo en que declaras una variable pero asegúrate de que el nombre esté dentro de un par de corchetes. Los elementos de la matriz van entre llaves.

Cualquiera que quiera cambiar los elementos de la matriz primero tiene que etiquetar los elementos listando el nombre y el índice de cada elemento. El índice es el orden en el que las cosas aparecerán en la matriz. El primer índice en la matriz unidimensional es 0 y el segundo es 1. Este orden sigue esa secuencia hasta llegar al último elemento.

Creación de una matriz unidimensional de frecuencias

Crea una matriz unidimensional para guardar cuatro notas. Haz que la matriz sea global al hacer su declaración antes de que inicie la función setup().

En el loop(), crea una variable para guardar la lectura del pin Ao. Habrán valores únicos dado que cada interruptor tiene un valor de resistencia diferente que conecta con la fuente de pode. Para ver los valores usa la siguiente línea

Serial.println(keyVal)

Hemos usado una sentencia if…else para ayudarnos a asignar cada valor a su tono particular. Este programa ha usado figuras al azar para el tamaño del resistor. No uses las figuras en tu programa porque los resistores tienen algunos errores, esto podría no funcionar en tu caso.

```
int buttons[6];
// set up an array with 6 integers

int buttons[0] = 2;
// give the first element of the array the value 2
```

```
1  int notes[] = {262,294,330,349};

2  void setup() {
3    Serial.begin(9600);
4  }

5  void loop() {
6    int keyVal = analogRead(A0);
7    Serial.println(keyVal);

8    if(keyVal == 1023){
9      tone(8, notes[0]);
10   }
```

Toca notas que sean similares al valor analógico

Usa tone() luego de usar cada if(). El programa le dice a la matriz que calcule la frecuencia que va a reproducir si el valor de AO es similar al de la frase if, puedes permitir que Arduino produzca el tono. También está la posibilidad de que tu circuito sea ruidoso y los valores puedan aumentar cuando presiones el interruptor. Por lo tanto es bueno usar valores pequeños para validar.

Si aplicas el "&&", busca múltiples frases para determinar si es correcto. Cuando presionas el primer botón, las notas en el primer elemento se reproducirán, al tocar el segundo botón las notas del segundo elemento se reproducirán y el ciclo continua.

Para hacer que la nota deje de sonar debes usar la función noTone(). Especifica el número de pin que quieres detener como un parámetro. Sin embargo, en caso de que tengas resistores muy cercanos entre sí como en el programa de ejemplo, deberías escuchar sonidos que se originan del piezo cuando presionas los botones. Si no entiendes, ve al monitor secuencial y asegúrate de que todos los botones estén dentro del rango de notas de la sentencia if condicional. Aumenta la escala un poco si escuchas un sonido intermitente.

Presiona varios botones al mismo tiempo y ve el tipo de valores que aparecen en el monitor serie. Usa los nuevos valores para generar más sonidos. Prueba varias frecuencias y expande la salida musical.

La función tone() es la mejor para generar sonidos. Sin embargo, tiene algunas limitaciones. Por ejemplo, la función solamente puede crear ondas cuadradas y no ondas sinusoidales. Las ondas cuadradas son distintas a las ondas típicas. Cuando estés a punto de iniciar tu banda, recuerda que solamente puede tocarse un tono a la vez y la función tone se relaciona con analogWrite () en los pines 11 y 3.

Nota

Por último, recuerda que las matrices unidimensionales son importantes cuando tienes un tipo similar de información que quieres clasificar. Accedes a las matrices unidimensionales usando índices numéricos que destaquen distintos elementos. Las escaleras de resistencias son el circuito perfecto para canalizar señales digitales en un sistema al insertarse en una entrada analógica.

Reloj de Arena Digital

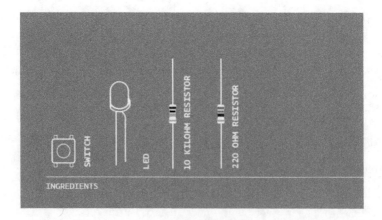

En este proyecto aprenderás a crear un reloj de arena digital que encienda un LED luego de 10 minutos. Esto te ayudará a saber el tiempo que has pasado trabajando en tus proyectos.

Hasta ahora has visto que cuando quieres hacer que algo pase en un intervalo de tiempo específico, tienes que aplicar la función delay(). Esto es conveniente pero al mismo tiempo se limita a lo que puede hacer. Cuando se usa delay(), detiene el paso de corriente en el momento del retraso. Esto quiere decir que no hay entrada ni salida en ese momento. Sin embargo, los delays no son lo mejor que se puede usar para monitorear el tiempo. Si tu meta era hacer algo luego de cada 20 segundos, el retraso de 20 segundos sería bastante largo.

La función millis() puede entrar en juego para dar una solución más adecuada al problema. La función registrará el tiempo que Arduino ha pasado encendido.

Hasta ahora hemos declarado las variables como un int. Un int consta de un número de 16 bits que contiene valores en el rango de "-32.768 y 32.767". Ese es un número grande pero no cuando Arduino está contando 1000 veces por segundo usando la función millis() ya que en unos pocos minutos se quedará sin espacio. Los datos long pueden almacenar un número de 32bits.

Puesto que el tiempo no puede regresarse para producir números negativos, declaramos una variable unsigned long para guardar el tiempo de millis(). Un dato de tipo unsigned puede ser positivo solamente. Además, un unsigned long puede llegar hasta 4.294.967.295. Esto es espacio suficiente para guardar el tiempo por hasta 50 días. Así que, si comparas la función millis() con un valor dado, serás capaz de decir si una cierta cantidad de tiempo ha pasado.

De modo que cuando rotes tu reloj de arena, un sensor de inclinación actualizará su estado y empezará un ciclo diferente del LED.

El sensor de inclinación opera igual que otro sensor pero tiene un sensor de encendido y apagado. En este proyecto lo usarás como una señal digital. Algo que es único de los sensores de inclinación es la manera en que determinan la orientación. Usualmente contienen una pequeña cavidad con una bola de metal. Si se ajusta correctamente, la bola rodará a un lado particular de la cavidad y conectará dos pines en la placa de pruebas.

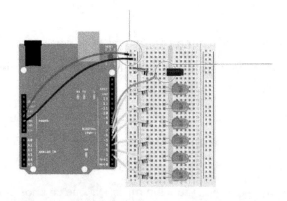

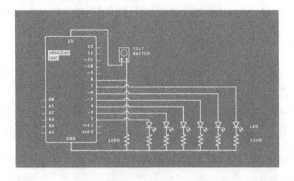

1. Lo primero que debes hacer es conectar tu placa de pruebas a la fuente de poder y a tierra.
2. Luego debes conectar los seis LEDs a los pines digitales del 2-7 por medio del ánodo. Los LEDs tienen que estar conectados a tierra por medio de una resistencia.
3. Conecta un pin del sensor de inclinación a la batería de 5V. El extremo remanente debe conectarse a tierra.

Haz un soporte con el cartón y suministra corriente al Arduino con una batería. Puedes crear una cubierta que tenga pantallas numéricas cerca de las luces.

Los sensores de inclinación son componentes baratos y accesibles para ayudarte a saber la orientación de algo. Otro ejemplo de sensores de inclinación son los acelerómetros, pero estos son bastante caros. Si estás interesado en saber la orientación de algo, deberías usar los sensores de inclinación.

El Código

Define una constante

En este proyecto tendrás que tener varias variables para que todo funcione. Para empezar, define una constante llamada switchPin

Declara una variable para almacenar tiempo

Declara una variable unsigned long. Esta variable grabará el momento en que el LED cambió.

Declara las variables para almacenar entradas y salidas

Define las variables tanto para el estado actual del interruptor como para el estado anterior. Las variables de entrada y salida te ayudarán a hacer una comparación con la posición del interruptor desde un estado al siguiente. Declara una variable llamada led. Esta hará que el siguiente LED se encienda. Puedes empezar con el pin 2.

Declaración de variable usando el intervalo entre dos eventos

La última variable que queda por definir es el intervalo entre cada LED. Este es un tipo de datos largos.

Determina el momento en que inició el programa.

Una vez que inicie loop(), puedes saber el tiempo que Arduino ha estado usando la función millis() y puedes colocarlo en una variable llamada currentTime.

Determina el tiempo que ha pasado desde el primer loop()

Tendrás que determinar el LED se ha encendido usando la frase if(). Realiza algunas operaciones matemáticas restando el currentTime (tiempo actual) al tiempo original y revisa si es mayor que el intervalo.

```
1 const int switchPin = 8;

2 unsigned long previousTime = 0;

3 int switchState = 0;
4 int prevSwitchState = 0;

5 int led = 2;

6 long interval = 600000;

7 void setup() {
8    for(int x = 2;x<8;x++){
9       pinMode(x, OUTPUT);
10   }

11   pinMode(switchPin, INPUT);
12 }

13 void loop(){
14   unsigned long currentTime = millis();

15   if(currentTime - previousTime > interval) {
16      previousTime = currentTime;
```

Enciende el LED, y prepárate para el siguiente

El previousTime (tiempo previo) muestra la última vez que estuvo encendido el LED. En el momento en que el previousTime esté preparado,

111

enciende el LED y aumenta la variable del led. Si pasas el intervalo de tiempo de nuevo, el próximo LED se enciende.

Averigua si todas las luces están encendidas

Crea otra frase if en el programa para ayudarte a determinar si el LED del pin 7 está encendido. Asegúrate de no intentar nada con él.

Hacia el final del bucle, guarda el estado del interruptor en prevSwitchState, y compara con el valor que obtengas para el siwtchState en el próximo loop().

Una vez que termines con la programación de la placa, mira la hora en el reloj. Luego de que pasen 10 minutos, el primer LED debe estar encendido. Cada 10 minutos se encenderá una luz nueva. Las seis luces se encenderán luego de una hora.

```
17    digitalWrite(led, HIGH);
18    led++;


19    if(led == 7){
20    }
21  }

22  switchState = digitalRead(switchPin);


23  if(switchState != prevSwitchState){
24    for(int x = 2;x<8;x++){
25      digitalWrite(x, LOW);
26    }

27    led = 2;
28    previousTime = currentTime;
29  }
```

Capítulo 9
Diagnóstico de Problemas

Cuando trabajas con tus proyectos hay situaciones específicas en las que tendrás que hacer un diagnóstico de problemas y tendrás que solucionar bugs.

Cuanto más uses Arduino, mejor te volverás y más experiencia ganarás. Esto terminará haciendo el proceso menos costoso. No te frustres con los problemas que experimentes. Son mucho más sencillos de lo que pueden parecerte al comienzo.

Puesto que los proyectos de Arduino consisten de hardware y software hay mucho que revisar cuando las cosas van mal. Por lo tanto, cuando se solucionan bugs, tienes que considerar tres aspectos:

Entendimiento

Deberías aspirar a entender tanto como puedas acerca del modo en que operan las partes que tienes en tu proyecto cómo deberían contribuir al proyecto final. Este método te permitirá desarrollar maneras de revisar cada componente de manera independiente.

Simplifica y segmenta

Los antiguos romanos tenían algo que conocemos como divide y vencerás. Tienes que descomponer tu proyecto en distintos componentes usando tu inteligencia para determinar dónde inicia y dónde termina una parte de una función dada.

Exclusión y Certeza

Mientras indagas, tienes que revisar cada componente por separado para asegurarte de que cada componente funcione bien por sí solo. Desarrollarás lentamente tu confianza y notarás las partes del proyecto que van bien y las áreas en las que deberías mejorar.

La eliminación de bugs (conocida en inglés como Debugging) es un término que hace referencia al proceso de corregir errores en el software. Fue usado por primera vez por Grace Hopper en los años 40. Esta era la época en que las computadoras eran electroquímicas en su mayoría. Se creía que un computadora dejaba de funcionar luego de que un insecto de verdad lograba meterse dentro de ella (y cabe destacar que "bug" significa literalmente "bicho" en inglés)

Sin embargo los bugs de hoy en día no son físicos como en este caso. De hecho son virtuales e invisibles. Esto significa que requieren de más tiempo y que el proceso puede ser aburrido.

Probando la Placa

¿Qué tal si el primer ejemplo del LED parpadeante no funcionase? Eso sería frustrante. Veamos qué podemos hacer.

Antes de que te quejes de tu proyecto tienes que asegurarte de que las cosas estén en su lugar. Esto se asemeja a la metodología que siguen los pilotos de aerolínea cuando pasan lista de cosas para asegurarse de que no hayan problemas cuando el avión despegue.

Lo primero que tienes que hacer es conectar tu USB a tu computadora:

- Verifica que la PC esté encendida. Esto puede parecer obvio pero podrías olvidar encender la computadora. Cuando la luz verde de PWR se encienda significa que tu computadora está alimentando la placa. Sin embargo, si el LED falla significa que algo va mal con la energía. Puedes cambiar el cable USB y revisar el puerto USB de tu computadora y el conector USB de Arduino.
- Si estás usando un Arduino nuevo, el LED amarillo etiquetado con la L empezará a parpadear
- Ahora, si has estado usando una fuente de poder externa y has conectado un Arduino viejo, asegúrate de que la fuente de poder esté insertada y que el cable de puente marcado como SV1 haya sido conectado a los dos conectores que están cerca del conector de la fuente de poder externa.

Otro punto que debes tener en cuenta es que cuando experimentes problemas con algunos sketches y quieras verificar que la si la placa está funcionando bien, debes abrir y transferir el ejemplo del LED parpadeante al IDE de la placa. El LED de la placa debe parpadear con un patrón regular. Si sigues todos los pasos anteriores deberías estar seguro de que Arduino funciona correctamente.

Prueba el Circuito de la Placa de Prueba

Para probar el circuito de la placa de Prueba conecta la placa a tu placa de pruebas usando un cable de puente de las conexiones GND y de 5V justo entre los polos positivo y negativo de la placa de prueba.

Cuando el LED de PWR se apague podrás retirar los cables. Esto muestra que hay un error en el circuito y que hay un cortocircuito. Un cortocircuito produce una corriente excesiva lo que hace que el circuito se abra por seguridad para proteger tu computadora.

Sin embargo, si te preocupa dañar tu computadora, recuerda que la mayoría de las máquinas tienen mecanismos de seguridad. Además, la placa Arduino tiene un hub USB alimentado independientemente.

Si tienes un cortocircuito es esencial aplicar el enfoque de divide y conquistarás. Tienes que buscar cada sensor del proyecto y conectar cada sensor uno a la vez.

Con lo primero que debes empezar es con la fuente de poder. Revisa cada parte del circuito para asegurarte de que la electricidad pase por ellas. Trabaja con un procedimiento y realiza un solo cambio en cada paso.

Cada vez que estés en el proceso de eliminar un bug y las cosas no vayan bien, lo mejor que puedes hacer es manejar todo sistemáticamente. Esto es muy importante debido a que te ayuda a arreglar el problema y es por ello que es crucial que solamente hagas un cambio en cada paso.

Además, no te olvides de que cada proceso de eliminación de bugs se quedará en tu mente. Desarrollarás el entendimiento para arreglar algunas de las cosas cada vez que encuentres un problema. Y te volverás un experto haciendo esto luego de un tiempo.

Problemas de IDE

Puede que en ciertas ocasiones experimentes problemas con la IDE de Arduino, especialmente si trabajas en Windows. Si recibes un error cuando haces doble clic en el Ícono de Arduino y no sucede nada, deberías intentar ejecutar el archivo run.bat, que es otra opción para iniciar Arduino.

Los usuarios de Windows podrían tener problemas también si el sistema operativo asigna al puerto COM un COM10 o un número mayor en la placa Arduino. Si esto ocurre, puedes hacer que Windows asigne un número de puerto menor al Arduino.

Busca Ayuda por Internet

Si te encuentras totalmente atascado y te está tomando mucho tiempo solucionar el bug, puede que sea momento de acudir a la comunidad de usuarios del Foro de Arduino. La mejor parte de buscar ayuda en línea es que siempre encontrarás a alguien listo para ayudarte si describes tu problema correctamente.

Desarrolla la práctica de cortar y pegar cosas en un motor de búsqueda y revisa los resultados para ver si hay alguna persona que lo haya intentado resolver. Busca una solución, prácticamente todo problema que encuentres debe tener una solución.

Empieza revisando el sitio web de Arduino antes de pasar a otro. Otro aspecto crítico a tener en cuenta antes de empezar tu proyecto es que deberías buscar en la web algunas líneas de códigos o un diagrama de circuitos para ayudarte en el proceso.

Capítulo 10

Haz tu Proyecto

Es tiempo de que uses tu creatividad. Espero que hayas desarrollado una idea de las cosas que puedes crear mientras ibas aprendiendo a lo largo de los diferentes capítulos de este libro. Lo mejor de los microcontroladores es la cantidad de cosas que puedes lograr con ellos.

Es el momento perfecto para desarrollar y proyecto. En este capítulo te daremos algunas ideas que puedes implementar. Intenta alguna de las que se muestran en la siguiente lista o cualquier otra que hayas estado pensando:

- Crea un temporizador regresivo que tenga altavoces, botones y una pantalla LCD
- Crea una alarma que se active cuando la temperatura supere el límite
- Crea una aguja que mida el nivel de luz
- Desarrolla una alarma de reloj
- Haz que un altavoz cambie de tono dependiendo de la cantidad de luz o de la temperatura.
- Escribe un mensaje en una pantalla LCD usando un joystick y reprodúcelo en los altavoces usando código morse.
- Crea la simulación de un semáforo usando botones para los sensores de los coches

Conclusión

Cuando se trata de Arduino, el IDE ayudará a cualquiera a escribir el código que hará que tu placa Arduino desarrolle cualquier cosa. El software se enfoca mayoritariamente en el procesamiento. Este es un IDE y un software muy usado por las personas. Al igual que el procesamiento, Arduino tiene una sintaxis clara y un API sencillo. Esto lo hace perfecto para la creación de prototipos o incluso para enseñarle a las personas maneras de programar.

Las funciones de Arduino son una colección de funciones de C o C++. Las funciones pueden usarse dentro del código; esto implica que las funciones básicas de C o C++ aún operarán en la placa Arduino. Dado que la placa Arduino es similar a cualquier otra placa de desarrollo AVR, te brinda la oportunidad de usar otras herramientas tales como el Makefiles.

Ahora que has aprendido distintas cosas acerca de los sensores, placas, accesorios y shields de Arduino, deberías estar listo para aplicar esa teoría en un proyecto práctico. Escoge un proyecto Arduino del hub e impleméntalo. Si encontraste algo de inspiración al leer este libro, te sugiero que busques más libros y que los leas para que internalices los conceptos. Además de leer otros libros, asegúrate de iniciar proyectos prácticos que pueden aumentar conocimiento.

Este es el final de este libro, pero debería ser el comienzo de tu viaje en la creación de proyectos más grandes. Recuerda: el poder de la creatividad está en ti; por ello, puedes crear cualquier tipo de proyecto que desees con la ayuda de Arduino. Sólo tienes que tener fe y coraje para empezar.

www.ingramcontent.com/pod-product-compliance
Lightning Source LLC
LaVergne TN
LVHW051249050326
832903LV00028B/2652